RHETORIK

Herbert Genzmer

W0177680

DUMONT

Impressum

Umschlagvorderseite von links nach rechts und von oben nach unten:
Sokrates, Porträtbüste aus Marmor, antike Kopie nach einer Lysipp zugeschriebenen Büste aus dem 4. Jh. v. Chr., Paris, Musée du Louvre, Foto: AKG, Berlin / Erich Lessing; Platon, nach einer antiken Porträtbüste, Kupferstich von Philipp Kilian, nach einer Zeichnung von Joachim von Sandrart, aus: J. v. Sandrart „Teutsche Academie", Nürnberg 1675–79, Foto: AKG, Berlin; „Die Schule von Athen", Fresko von Raffael, 1508–11, Vatikan, Stanza della Segnatura, Foto: AKG, Berlin / Pirozzi; „Augustinus", Gemälde von Justus van Gent, tätig zwischen 1460 und 1480, Paris, Musée du Louvre, Foto: AKG, Berlin; Adolf Hitler bei einer Rede, Foto: dpa, Frankfurt/M.; Alice Schwarzer, 2002, Foto: dpa, Frankfurt/M.; Walter Jens, 2003, Foto: dpa, Frankfurt/M.; Harald Schmidt, 2002 in seiner Show in Köln, Foto: dpa, Frankfurt/M.

Umschlagrückseite von links nach rechts:
Werbung für die BILD-Zeitung, 2003, Foto: Michael Konze, Köln; Lautmalerei im Comic, aus „Mickey Maus", Heft vom 27.12.2001

Seite 2:
Nikita Chruschtschow bei einer Rede vor der UNO in New York, Foto: Time Life, New York

Bibliographische Informationen der Deutschen Bibliothek
Die Deutsche Bibliothek verzeichnet diese Publikation in der
Deutschen Nationalbibliographie; detaillierte bibliographische
Angaben sind im Internet über http://dnb.ddb.de abrufbar.

Originalausgabe
© 2003 DuMont Literatur und Kunst Verlag, Köln
Alle Rechte vorbehalten
Redaktion und Satz: Michael Konze, Köln
Druck und buchbinderische Verarbeitung: Editoriale Lloyd

Printed in Italy   ISBN 3-8321-7610-1

Inhalt

Inhalt

Einleitung

Rhetorik ist Beredsamkeit oder die Kunst des Redens, gleichzeitig ist sie die *Lehre* von der kunstmäßig einstudierten Rede, von ihren Regeln, ihrem Aufbau, ihren Ausdrucks- und Stilmitteln, die *Lehre* von der Redekunst also. Sie ist, und das machte den Umgang mit ihr stets problematisch, gleichzeitig Theorie und Praxis. In der Antike war sie vor allem ein Instrument für das Erlernen des effektvollen, parteilichen und von daher überzeugenden und beeinflussenden Redens. In der christlichen Antike benutzte man sie zur Verbreitung des Gotteswortes, die Predigt wurde ihr Aufgabengebiet.

Die Rhetorik beschäftigt sich mit der Frage, wie ein Thema überzeugend präsentiert werden kann. Dazu dienen der sprachliche Ausdruck und die stimmliche und persönliche Präsenz des Redners ebenso wie die gestische und mimische Ausführung sowie der Umgang mit dem Publikum. Dies sind Mittel, um die eigene Meinung zu einem Redegegenstand zu vermitteln. Oft wird das Ziel einer Rede, die Überzeugung oder Beeinflussung, besser durch die *Art* des Vortrags erreicht als durch ihren *Inhalt*.

Bei solchen Betrachtungen stößt man zwangsläufig auf die Frage nach der Wahrheit, die zu allen Zeiten der Beschäftigung mit der Rhetorik von großer Bedeutung war und bis heute geblieben ist. »Die Wahrheit setzt sich nicht oder jedenfalls nicht bei jedem als solche durch, vielmehr muss sie dem Hörer zugänglich gemacht werden und deshalb auf diesen Hörer ›eingestellt‹ sein«, schreibt der Kölner Germanistikprofessor Karl-Heinz Göttert. Wahrheit ist also in gewisser Weise abhängig von der Wirklichkeit, die jeden Einzelnen umgibt. »Wirklichkeit, wie wir sie kennen, ist ausschließlich aus willkürlichen Vorstellungen zusammengesetzt«, konstatierte Albert Einstein. Wirklichkeit wird also durch Wahrnehmung erzeugt, die wiederum abhängig ist vom Nervensystem des je Einzelnen. Das Gehirn erschafft mögliche Welten, die ihm bei der Aufgabe helfen, die überwältigende Menge an Daten, die ständig und gleichsam auf allen Kanälen darauf einströmen, zu ordnen und zu verarbeiten. Wirklichkeit ist also nicht nur individuell in Bezug auf den Menschen, sie ist auch abhängig von der Spezies, denn eine jede verfügt über ein jeweils anderes Wahrnehmungssystem. Erasmus von Rotterdam schrieb zu Beginn des 16. Jahrhunderts: »Man kennt die Dinge nur durch die Worte; wem die Macht über die Sprache fehlt, der wird notwendigerweise kurzsichtig, verblendet und närrisch in seinem Urteil über die Dinge sein«.

Die Rhetorik soll in Sizilien entstanden sein, aber es waren die Sophisten, die der Wissenschaft ein festes System verliehen. Im Altertum hatte die Rhetorik großen Einfluss auf die Literatur und war bedeutend in der Jugendbildung und für das öffentliche Leben; aus diesem Grund kann sie als die Vorläuferin der Pädagogik und Rivalin der Philosophie betrachtet werden. Letztere trat oft im Gewand der Rhetorik auf. Als Kunst der freien Rede besonders bei Theologen und Juristen hatte sie bis ins 18. Jahrhundert ihren Platz im Lehrkanon der Gymnasien und Universitäten. Danach wurden die Normen der Rhetorik zugunsten der individuellen Redegestaltung zunehmend abgelehnt, als universitäre Disziplin versank sie mehr und mehr in die Bedeutungslosigkeit. Erst in den letzten Jahrzehnten tritt das wissenschaftliche Interesse an einer von Regeln geordneten Sprachführung durch neuere Kommunikationstheorien, durch Linguistik und Semiotik wieder in den Vordergrund. Andererseits stellt sich die Rhetorik – ganz wie in ihren Anfängen – erneut als praktischer Ratgeber dar, heute jedoch bei Bewerbungs- und Verkaufsgesprächen oder Vorträgen. Sucht man unter dem Schlagwort Rhetorik, findet man Ratgeber für den Verkauf, die Bewerbung, den Vortrag, die Kunst des Überzeugens. Die heutige Rhetorik ist also wieder gespalten, sie ist wissenschaftlich-theoretisch und gleichzeitig praxisorientiert. Insofern hat die Rhetorik einen Bogen über zweieinhalb Jahrtausende geschlagen und ist in gewisser Weise wieder bei ihren Anfängen angekommen.

Rhetorik bedeutet aber neben all dem auch, dass »Cäsar ein ehrenwerter Mann« und »Spiderman« an den

Kinokassen der größte Erfolg aller Zeiten ist, auch dass
»BILD Dir Deine Meinung!« als Werbekampagne immer noch im öffentlichen Raum geschaltet wird. Und
es hat auch mit Rhetorik zu tun, dass Dieter Bohlen
und Veronika Feldbusch, Helden aus Reality-Shows
oder vom Fußballplatz ebenso wie fiktive Helden aus
Fernsehserien stets für Schlagzeilen gut sind, die andere, wichtige verdrängen, dass Türken »Ausländer«
sind, dass es »Marktführer« in einzelnen Bereichen gibt
und dass eine Krise durch Worte verstärkt wird und
durch Taten allein nicht wieder überwunden werden
kann. Es geht um Verdunkelung und Verstehen. Martin
Heidegger schrieb: »Die Öffentlichkeit verdunkelt alles
und gibt das so Verdeckte als das Bekannte und jedem
Zugängliche aus.« Es gilt, der Verdunkelung zu entgehen, zu lernen, die eigene Welt zu sehen, zu erkennen
und richtig einzuordnen. Rhetorik an sich hat nicht
direkt mit Wahrheit, Beeinflussung oder Lüge zu tun,
aber sie bietet das Instrumentarium, Wahrheiten sowohl zu »verkaufen« als auch Lügen zu entlarven.
Diese Werkzeuge sollte jeder besitzen.

Ich danke Ulrich Leschak für seine Anregungen und
für die fruchtbaren Gespräche über das Thema.

Stets für Schlagzeilen
gut: Dieter Bohlen und
Nadja Abdel Farrag

Die Tyrannis

In der Auseinandersetzung zwischen schwächer werdendem Adel und erstarkendem Bauerntum etablieren sich im antiken Griechenland um die Mitte des 7. Jahrhunderts v. Chr. vielfach Alleinherrscher, die Tyrannen. Die Konfrontationen, die sich vor allem auch innerhalb der Adelsschicht auswirkten, hatten ihre Ursachen im großen wirtschaftlichen und gesellschaftlichen Umbruch, ausgelöst vor allem durch den Anstieg der Bevölkerung und die Zunahme des Handels, der nun auch entgegen der bisherigen Tradition von Adligen betrieben wurde. In seiner Folge kam es zu Grenzkriegen und Kolonisationen. Das politische Gleichheitsprinzip innerhalb des Adels wurde durch zunehmendes wirtschaftliches Ungleichgewicht innerhalb dieser Schicht verletzt und somit ebenfalls zur Quelle von Konflikten. Die meisten Bauern verarmten und verschuldeten sich, während es gleichzeitig reiche Bauern gab, die als Hopliten politische Macht gewinnen konnten. Die Tyrannen entstammten zumeist einflussreichen Adelsfamilien, doch mehr und mehr gelang es auch Angehörigen der Hoplitenschicht als Alleinherrscher zu regieren. Der Herrschaftsstil der Tyrannen und damit auch der Widerstand, den sie gegen sich aufbrachten, waren höchst

Zwischen den Adligen, die sich dem Handel verschrieben und denen, die ihm verschlossen blieben, bildete sich ein Ungleichgewicht. Auf diesem Fragment finden sich die genauen Eintragungen der Einnahmen der Stadt Athen aus den Tributzahlungen der Bündnispartner. Athen, Epigraphisches Museum

Hopliten beim Wettlauf in Waffen; Relief auf einer attischen Amphore, um 540–530 v. Chr.

Das Olympieion in Athen, im 6. Jahrhundert v. Chr. begonnen. Den Tyrannen dienten solch gewaltige Bauten nicht nur der Selbstdarstellung; sie sollten auch zur Einigung der zerstrittenen Bürgerschaft beitragen, weshalb sie oft über Jahrhunderte unvollendet blieben, so wie dieser Bau, der erst in 2. Jahrhundert n. Chr. von Kaiser Hadrian fertiggestellt wurde.

unterschiedlich, nicht alle waren im heutigen Verständnis des Wortes Gewaltherrscher, also brutale, herrschsüchtige Machthaber, wie das Wörterbuch diesen Ausdruck definiert. Viele dieser Alleinherrschaften endeten nicht durch Rebellion von innen, sondern wurden von außerhalb des Stadtstaates durch konkurrierende und vertriebene Adelsfamilien beendet, in den meisten Fällen nach spätestens drei Herrschergenerationen. Trotz ihrer gemeinhin negativen historischen Bewertung schuf die Tyrannis das, was der Althistoriker Alfred Heuss (1909–1995) »einen wichtigen Webstuhl für methodisches politisches Handeln« nannte, eine Verbindung zu einem neuen Gesetzesverständnis und zu planvollem staatlichen Handeln.

Entstehung der Redekunst

Im Jahre 467 v. Chr. beseitigte Syrakus auf Sizilien, das im Jahre 733 als Kolonie Korinths gegründet worden war, die Tyrannenherrschaft. Dort sei, so die Überlieferung, die Rhetorik als Reaktion auf die Herrschaft der Tyrannen entstanden, da nach deren Ende Interessensgegensätze in öffentlicher Rede ausgetragen werden durften. Die Rhetorik hat sich also aus einer »neuen gemeinschaftlichen Praxisauffassung in allen gesellschaftlichen Bereichen entwickelt«, schreibt der Tübinger Rhetorikprofessor Gert Ueding. Als erster Rhetor nach dem Ende der Tyrannis gilt Korax, ein ehemals hoher Beamter der nun beendeten Alleinherrschaft,

Die **Hopliten** waren bewaffnete Fußtruppen im alten Griechenland. Ab dem 7. Jahrhundert v. Chr. wurden sie zur wichtigsten militärischen Einheit. In der altgriechischen Kriegsführung war die Phalanx eine mehrgliedrige, schwer bewaffnete Schlachtreihe mit Stoßlanzen. Den als Hopliten dienenden Bürgern wurden vielerorts auch politische Rechte eingeräumt, so dass sie zu einer politischen Kaste eigener Art heranreiften.

Die Halbinsel Ortygia war das Zentrum der Koloniegründung von Syrakus auf Sizilien.

der bestrebt war, in der sich neu formierenden politischen Ordnung eine einflussreiche Position zu gewinnen und eine Versammlung einberief, um das entstandene Machtvakuum mit einer neuen politischen Herrschaft zu füllen. Die erste Rede gehörte also der politischen Gattung (*genus deliberativum*) an und machte ihn so berühmt, dass er Lehrer wurde und begann, die Kunst der Rede zu systematisieren und zu lehren. Einer seiner späteren Schüler, Teisias, soll bei der Rede anwesend gewesen sein. Beeindruckt von dem, was er gehörte hatte, bildete er sich zum Redner aus, wurde selbst Lehrer und verfasste das wohl erste rhetorische Lehrbuch, vermutlich eine Sammlung von Musterreden, vergleichbar vielleicht den Briefratgebern heutiger Zeit, in denen Musterbriefe für alle Lebenslagen erörtert werden. Teisias gilt als Erfinder der juristischen Rede (*genus iudiciale*). »Die Sizilianer Korax und Teisias haben zuerst ein System von Regeln und Vorschriften verfasst; denn bis dahin sei niemand gewohnt gewesen, systematisch und kunstgerecht zu sprechen, wenngleich schon viele gründlich und nach einem Konzept gesprochen hätten«, schreibt Cicero in seinem »Brutus« und zitiert Aristoteles. In Wirklichkeit jedoch sei diese Kunst entstanden, weil die Sizilianer einen »von Natur innewohnenden Hang zum Streiten« gehabt hätten. Das Lehrbuch habe zum Ziel gehabt, Streitereien regelgerecht ablaufen zu lassen.

Erste Blütezeit der Rhetorik

Die Erfindung der Rhetorik wird also mit der Abschaffung der Tyrannis und der Errichtung der Demokratie in Verbindung gebracht, denn man begann zu jener Zeit wirtschaftliche, politische und gerichtliche Prob-

Der griechische Dichter und Philosoph **Xenophanes** (*um 570 v.Chr. in Kolophon, Kleinasien, †um 470 in Elea, Unteritalien) verließ gegen 546 v. Chr. seine Heimat, die von den Persern erobert worden war und ging nach Elea, wo er der Überlieferung nach die Schule der Eleaten gründete. Im Sinne der Sophisten führte er ein Wanderleben und in seinen polemischen Gedichten, den *Silloi*, kritisierte er die moralischen und politischen Wertvorstellungen seiner Zeit. Er attackierte die Überbewertung körperlicher Leistungen (z.B. der Olympiasieger) gegenüber geistigen. Im Gegensatz zum Viel-Götterhimmel der Griechen vertrat er eine monotheistische Gottesauffassung. Von seinen Schriften sind nur mehr Fragmente erhalten.

leme öffentlich auszutragen, ja Probleme dieser Art wurden erstmals Anliegen einer Öffentlichkeit. Die neue Disziplin erlebte mit ihren Hauptvertretern, den Sophisten Protagoras und vor allem Gorgias von Leontinoi – ein weiterer Sizilianer und Schüler des Teisias, dem in einer vereinfachten Systematik die Erfindung der dritten Redegattung, der Lobrede (*genus demonstrativum*) zugeschrieben wird – in der ersten sophistischen Aufklärung ihre erste Blüte. Die Sophisten befreiten die Sprache von mythischem Denken, und als brillante und schlagkräftige Redner machten sie die Rede zu einem rational anwendbaren und universell einsetzbaren Instrument gesellschaftlichen Handelns.

Sokrates (470–399 v.Chr.) und Gorgias von Leontinoi (um 480–380 v.Chr.), Kupferstich von Johann Georg Mansfeld, 1764–1817

Eleaten
Von Xenophanes um 500 v. Chr. im unteritalienischen Elea gegründete griechische Philosophenschule. Kennzeichnend für die eleatische Schule sind die strikte Entgegensetzung von Denken und Meinen, die grundlegende Skepsis hinsichtlich des Wahrheitsgehalts des unmittelbar sinnlich Gegebenen und dementsprechend das Vertrauen in die Erkenntnismöglichkeiten des Denkens. Der Eleatismus setzt dem Schein der sichtbaren Welt das absolute, nur durch das Denken zu erfassende Sein gegenüber.

Platon (427–347 v. Chr.), römische Kopie eines griechischen Originals, heute im Louvre in Paris.

Der Mensch ist das Maß aller Dinge

Nicht nur wegen der beiden genannten Philosophen als Angehörige dieser Schule – seit jeher wird die Rhetorik und besonders ihr Beginn eng in die Nähe der Sophistik gerückt, der Platon in der Folge ein negatives Image verlieh, das sich bis heute hält und dessen Auswirkungen sich bis auf das Gesamtbild der Rhetorik erstreckten und noch heute erstrecken; im aktuellen Sprachgebrauch bedeutet das Wort Sophist eben vor allem »spitzfindiger Philosoph, Wortklauber, Täuschungsspezialist« oder »Scheingelehrter«. Gert Ueding bezeichnet Platons Darstellung der Sophisten nicht nur als Karikatur, sondern als Verdrehung der geschichtlichen Tatsachen. Er habe der mit ihm konkurrierenden Schule schaden wollen, weshalb er ihre Lehre als bloß formal-rhetorische Artistik, ihre Erziehungsideale als relativistisch und ihre politischen und ethisch-religiösen Vorstellungen als bloße Gesundbeterei abgetan habe. Dieses Urteil gegen die von Polis zu Polis ziehenden Gelehrten, die ihre Schüler in den Wissenschaften und Künsten unterrichteten und deren Ziel es war, sie zu selbständigen und sich ihrer Verantwortung bewussten Bürgern auszubilden, hielt sich bis ins ausgehende 18. Jahrhundert. Es war Georg Wilhelm Friedrich Hegel, der schließlich forderte, alle Vorurteile gegen die Sophisten zu vergessen, da sie in erster Linie Lehrer der Beredsamkeit gewesen seien: »Die Beredsamkeit aber führt die Umstände auf die Mächte, Gesetze zurück. Zur Beredsamkeit gehört aber besonders das: an einer Sache die vielfachen Gesichtspunkte herauszuheben und die geltend zu machen, die mit dem im Zusammenhang sind, was mir als das Nützlichste erscheint [...] dazu gehört ein gebildeter Mann; und das ist die Beredsamkeit, diese hervorzuheben, die anderen dagegen in den Schatten zu stellen.« Es reicht jedoch nicht aus, den Sophisten bloße Beredsamkeit zuzuschreiben, denn Sprachdenken und Sprachhandeln standen für sie im Vordergrund ihrer Betrachtungen. Jene Weisheitslehrer, die Sophisten, die ersten »berufsmäßigen Intellektuellen«, wie Karl-Heinz Göttert sie

Georg Wilhelm Friedrich Hegel (1770–1831) forderte, alle Vorurteile gegen die Schule der Sophistik fallen zu lassen. Gemälde nach J.J. Schlesinger.

Auf Griechisch bedeutet Sophist Weiser, und ursprünglich wurden alle Gelehrten so genannt. Seit dem 5. Jahrhundert v. Chr. waren es in Athen die wandernden Lehrer der Rhetorik, die sowohl als praktisch-ethische wie als politische Erzieher auftraten. Zu dieser ersten Gruppe der **Sophisten** gehörten u.a. Protagoras, Gorgias, Hippias und Prodikos. Entscheidend für die Sophisten war die Abkehr von der Naturphilosophie und die Konzentration auf ethisch-politische Probleme, wobei sie auf der Grundlage der Ontologie (s. S. 16) der Eleaten rhetorische Argumentationsverfahren entwickelten. Wegen ihrer Neigung zu spitzfindiger Scheinargumentation gerieten die Sophisten später durch die Kritik von Aristophanes, Sokrates und vor allem Platons in Verruf. Heute versteht man daher unter einem Sophisten einen Menschen, dessen Beweisführung sich in formalen Spitzfindigkeiten erschöpft, und folglich unter der Sophistik (a) die Lehre der Sophisten und (b) scheingelehrte Argumentation mit Trugschlüssen und Spitzfindigkeiten. Ein Sophismus ist darum im heutigen Sprachgebrauch meist ein Trugschluss oder ein Scheinbeweis.

nennt, vertraten einen pragmatischen Vernunftgebrauch, in dessen Mittelpunkt der Mensch steht: »Der Mensch ist das Maß aller Dinge, der Seienden, dass sie sind, der Nichtseienden, dass sie nicht sind«. Dank der Schule der Sophistik existiert bis heute die Überzeugung, die Sprache sei die wichtigste menschliche Fähigkeit. Wilhelm von Humboldt (1767–1835) schrieb 1820: »Der Mensch ist nur Mensch durch Sprache.« Und heute formuliert Angela D. Friederici, Direktorin des Max-Planck-Institut für neuropsychologische Forschung in Leipzig: »Sprache ist das entscheidende Instrument des Bewusstseins.«

Rhetorik nicht nur im Dienste des Guten

Die Sophisten hatten ihrerseits die Rhetorik als bloße Beispiel- und Regelsammlung vorgefunden und entwickelten sie zu einer praktischen Lebensphilosophie. Den Sophisten ist es zu verdanken, dass ein rhetorisches Bildungsideal Allgemeingültigkeit erlangte. Mit dem berühmten und leider verloren gegangenen Handbuch der Rhetorik des Gorgias waren es die Sophisten, die der Disziplin ein festes Muster aufprägten und eine Wissenschaft schufen, die »im Dienste des Unrechtes so gut wie im Dienste des Rechtes, im Dienste der Wahrheit so

Die Front des Parthenon-Tempels auf der Akropolis in Athen. Trotz seiner gewaltigen Größe wirkt er leicht und harmonisch.

Ontologie

Der Schwerpunkt der philosophischen Betrachtung ist das Seiende an sich, seine Prinzipien (Identität, Widerspruch), seine allgemeinen Bestimmungen (Kategorien, Transzendentalien), seine Bereiche und seine Gesetzlichkeit. Die ontologische, also die das „Sein der Dinge betreffende Fragestellung" kreist um die Probleme von Sein und Werden, von bedingtem und unbedingtem Sein sowie um die Seinsstufen und die Zusammenhänge zwischen Sein, Erkenntnis, Sinneswahrnehmung und Denken.

Als Philosoph und Begründer der Ontologie vertrat **Parmenides** (um 515 – um 445) die Lehre des einen, unveränderlichen, notwendigen Seins, das aufgrund einer ursprünglichen Einheit von Denken und Sein nur durch die Vernunft erfasst wird. Die Welt mit ihrer Veränderung und Bewegung erklärte er zum Schein. Nach ihm entstand die Welt durch den Eros aus der Vermischung der beiden Urprinzipien Licht, als das Feurige und Wirkende, und Dunkel, als das Schwere und Leidende, die Erde.

gut wie im Dienste der Lüge, im Dienste der guten so gut wie im Dienste der schlechten Sache« steht, schrieb der österreichische Philosoph Heinrich Gomperz (1873–1942). Rhetorik also nicht nur im Dienste des Guten, wie es immer gefordert wurde, sondern im Dienste einer Sache, gleich welcher Provenienz. Heute scheint uns dieses pluralistische Verständnis selbstverständlich – ganz anders in der Frühzeit der Rhetorik, als die tugendhafte Rede und folglich der positive Einsatz der Redekunst oberstes Gebot waren.

Man spricht Protagoras die Behauptung zu, die Rhetorik sei in der Lage, der schwächeren Seite zum Sieg verhelfen und überdies den Weg dorthin lehren zu können. Die Vernunft allein sollte in der Lage sein, auch dem schwächeren Argument zum Sieg zu verhelfen. Damit war nichts anderes gemeint, als bestehende Vorurteilsstrukturen aufzubrechen und die Zuhörer einem dialektischen Prozess gegenüber aufgeschlossen zu machen, um, und darum ging es, herausfinden zu können, welches Argument tatsächlich das schwächere ist.

Raffaels „Die Schule von Athen" (1509–1511) entstand als Fresko in den Stanzen des Vatikans. Hier werden griechische Größen wie Platon, Sokrates oder Aristoteles in einer an römische Thermen erinnernden stilisierten Architektur dargestellt. Interessant ist die Verbindung von römischer und griechischer Welt in den Darstellungen der Renaissance, wobei die materielle Welt, repräsentiert durch Bauten oder Bilder, als römisch und die Ideenwelt, wie Philosophie und Literatur, als griechisch begriffen wird.

Das nur Wahrscheinliche reicht nicht

Platon setzte sich in seinem Dialog mit dem Titel »Gorgias oder Über die Beredsamkeit« kritisch mit der Rhetorik auseinander, was das noch heute existierende Zerrbild der Sophisten bestimmte. Er schrieb seine Dialoge, als Gorgias schon lange nicht mehr lehrte. Platon zufolge war das bloß Wahrscheinliche für den Menschen nicht ausreichend und ein Leben auf dieser Grundlage schädlich, denn nur das auf den letzten Gründen beruhende Wissen wurde von ihm anerkannt, alles andere galt ihm als belanglos. Die Erkenntnis der Rhetorik, die er Gorgias in seinem Dialog als vereinfachte und, aus seiner Sicht, polemische Version in den Mund legt, besagt: Da wir letztlich nicht erkennen können, worüber wir reden, können wir über alles und jedes reden. Was als wahr und was als

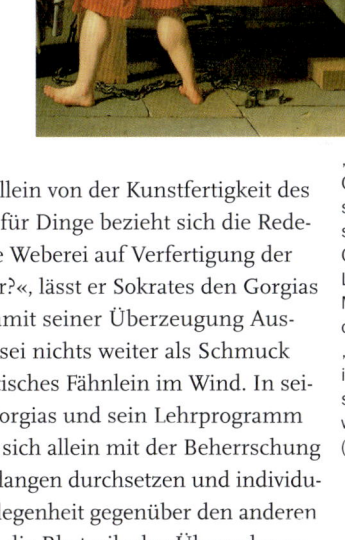

unwahr gelte, hänge allein von der Kunstfertigkeit des Redners ab. »Auf was für Dinge bezieht sich die Redekunst? So etwa wie die Weberei auf Verfertigung der Gewänder? Nicht wahr?«, lässt er Sokrates den Gorgias fragen und verleiht damit seiner Überzeugung Ausdruck, die Redekunst sei nichts weiter als Schmuck und Tand, opportunistisches Fähnlein im Wind. In seinem Dialog stellt er Gorgias und sein Lehrprogramm so dar, als könne man sich allein mit der Beherrschung des Wortes in allen Belangen durchsetzen und individuelle Freiheit und Überlegenheit gegenüber den anderen erlangen; er kritisierte die Rhetorik als »Überredungs- oder Scheinkunst« und erklärte sie für die Wahrheitserkenntnis als untauglich.

„Sokrates nimmt den Giftbecher im Kreise seiner Freunde", Ausschnitt aus einem Gemälde von Jacques Louis David, 1787, Metropolitan Museum of Art, New York.
„Den Tod zu fürchten, ist nichts anderes, als sich dünken, man wäre weise, und ist es nicht". (Sokrates)

Schon Platon warnte beständig vor dem Missbrauch der Redekunst. Der sowjetische Ministerpräsident Nikita Chruschtschow erging sich gern in temperamentvollen Auftritten, wie hier vor der UNO in New York.

Warnung vor den Kräften der Rede

Da das Potential der Rede im Hinblick auf das Erreichen bestimmter Ziele als gewaltig eingeschätzt wurde, warnte Platon beständig vor dem Missbrauch der rhetorischen Mittel, und auch der echte Gorgias vertrat die Ansicht, der Umgang mit diesen Potentialen müsse verantwortungsvoll geschehen. Dies ist, wie schon eingangs gezeigt, bis heute Thema und Anliegen der Rhetorik und erwächst aus ihrer Doppelnatur als Theorie und angewandte Praxis. Die Angst vor dem falschen Einsatz der »Kräfte« der Rede bewegt die Menschen seit jeher. Allerdings wird dabei oft vergessen, dass es nicht allein das Medium ist, das dem Missbrauch Vorschub leistet, sondern die entsprechende Bereitschaft der Zuhörer. Platon legt seinem Gorgias folgende Sätze in den Mund: »Wenn man durch Worte zu überreden imstande ist, sowohl vor Gericht die Richter als in der Ratsversammlung die Ratsmänner und in der Gemeinde die Bürger und so in jeder anderen Versammlung, die eine Staatsversammlung ist. Denn hast du dies in deiner Gewalt, so wird der Arzt dein Knecht sein, der Meister der Leibesübungen auch, und von diesem Geschäftsmann wird sich zeigen, dass er nicht für sich erwirbt, sondern für einen anderen, für dich, der du verstehst zu sprechen und die Massen zu überreden«. Schließlich lässt er

Sokrates die Aufgabe der Rhetorik polemisch zusammenfassen: »Die Redekunst sei die Meisterin in der Überredung und ihr ganzes Geschäft und ihre Haupttätigkeit laufe darauf hinaus«.

Bei all dem darf ein Aspekt der Auseinandersetzung nicht übersehen werden: Schon Friedrich Nietzsche wies darauf hin, es sei auch um einen Kampf um möglichst viele Schüler und entsprechend hohe Einnahmen gegangen, wenn die eine oder andere Disziplin verhackstückt wurde, musste doch der Lebensunterhalt der Lehrer aus diesen Einnahmen bestritten werden.

Sprache ist Ausdruck menschlicher Vernunft

Isokrates, ein weiterer Sophist und berühmter Rhetor, der sich selbst als Erzieher der Griechen verstand, betrachtete die »Kräfte« der Rede in anderem Licht und stellte im Gegensatz zu Gorgias die Kultur stiftende Wirkung der Sprache in den Vordergrund seiner Betrachtungen: »Keine Errungenschaft ist ohne Mitwirkung der Sprache zustande gekommen. Es ist das Wort, das Gesetze aufgerichtet hat über Recht und Unrecht, Gut und Böse; wären nicht gesellschaftliche Regeln, wir wären zu einem Zusammenleben nicht fähig.« Für den fast gleichaltrigen Zeitgenossen Platons liegt die Kraft der Sprache in ihrer Rolle als Vermittlerin und Friedensstifterin im Miteinander der Menschen. Die Fähigkeit der Rede ist für ihn das wichtigste Zeichen menschlicher Vernunft. In seiner berühmten »Nicocles-Rede«, die, wie viele seiner Gedankengänge, noch Cicero zum Vorbild für seine Aufzeichnungen »Über den Redner« dienen sollte, sagt er: »Weil uns aber [die Gabe] geworden ist, einander zu überreden, und uns selber aufzuklären, worüber wir nur wollen, so haben wir nicht nur aufgehört nach der Art der Tiere zu leben, sondern auch durch Zusammentreten Städte gegründet, und uns Gesetze gegeben, und Künste erfunden, und beinahe alles, was durch uns mit Klugheit und Kunst zustande gebracht wurde, hat uns die Sprache ausführen helfen.« Mit seiner Rede »Gegen die Sophisten« wendet sich Isokrates

Friedrich Nietzsche (1844–1900) wies darauf hin, dass es bei den konkurrierenden Schulen auch darum gegangen sei, möglichst viele Schüler zu gewinnen und damit die Einnahmen entsprechend zu steigern.

Der Sophist Isokrates (436–338 v. Chr.) stellte die Kultur stiftende Wirkung der Sprache in den Vordergrund seiner Betrachtungen zur Rhetorik.

dann zum Teil gegen die eigene Schule. Der damals einflussreiche Lehrer berühmter Staatsmänner war Schüler des Gorgias, seine kritische Auseinandersetzung mit der eigenen Schule jedoch trug ihm das Lob Platons ein, der in seinem »Phaidros« Sokrates die folgenden Worte über ihn in den Mund legte: »Er scheint mir gut in seiner Natur, [...] auch von einer edleren Mischung des Gemütes, so dass es kein Wunder wäre, wenn er bei vorgerücktem Alter in den gleichen Reden, mit denen er sich jetzt befasst, alle die sich je mit Reden abgegeben haben, wie die Kinder und noch weiter hinter sich ließe.«

Isokrates' Kritik an den Sophisten

Isokrates bezeichnete sich selbst nicht als Sophist, sondern als Philosoph. In seiner Kritik an den Sophisten schrieb er: »Da nun manche von den Ungelehrten, wenn sie dieses alles zusammennehmen, einsahen, dass sie, welche die Weisheit lehren und die Glückseligkeit vortragen, selbst vieler Dinge bedürfen und von ihren Schülern viel Geld verlangen, dass sie aber den Widerspruch zwischen Worten und Taten nicht einmal erkennen, dass sie auch noch behaupten, in die Zukunft sehen zu können, aber nicht einmal für die Gegenwart etwas Wichtiges zu sagen oder zu raten haben, dass sie bloß Vermutungen folgen, obwohl sie behaupten, Wissenschaft zu besitzen, so ist es, denke ich, natürlich, dass sie diese verachten und glauben, diese Reden seien leeres Geschwätz und nichtswürdiges Gerede, aber nicht Bildung der Seele.«

Ein Athener Bürger auf der Agora, dem Marktplatz, auf einen Knotenstock gestützt – hier im Gespräch mit einem anderen Bürger oder auf die Rede eines Orators lauschend. Attisch-rotfiguriger „Skyphos" (Becher)

Man darf allerdings nicht vergessen, dass die negative Bewertung der Sophisten nicht allein durch die platonischen Dialoge, sondern auch durch die spätere Entwicklung der sophistischen Rhetorik selbst zustande kam: Sie verflachte zunehmend und biederte sich der Macht an, d.h. ihre Lehre diente mehr und mehr der politischen Manipulation, ihre Anwendung dem Machtgewinn.

Berauscht von der Macht der Rede

Gorgias sei »fast berauscht von der Gewalt der Rede« gewesen, schreibt Gert Ueding, wenngleich er ihre Macht lediglich zu Schulzwecken demonstrierte. Ernst Bloch spricht von einem »ungeheuren jungenhaften Übermut«. In seinen Reden wählte Gorgias bewusst schwierige Themen, also solche, die von den Zuhörern nur schwer zu bewerten waren. In diesen Scheingefechten oder Fingerübungen, denn als solche müssen derartige Reden bezeichnet werden, geht es neben dem gewählten Thema auch immer um die Macht der Rhetorik. Die überzeugende Rede präge der Seele auf, was sie will. In diesem Zusammenhang wird verständlich, weshalb Platon die Rhetorik in solch scharfer Weise anprangerte: Wenn Gorgias in der Lage ist, seine Zuhörer so zu manipulieren, dass sie seinen Worten glauben und seinen Taten zustimmen, setzt er die Beratung als älteste Aufgabe der Rhetorik weitgehend außer Kraft und ersetzt diese durch vorgefasste Meinungen. Die Rede wird also zur direkten Manipulation – und dies ist selbstverständlich stets auch Missbrauch. Das Prinzip der Rhetorik, die subjektive Meinung zu objektivem Nutzen einzusetzen, wird korrumpiert.

Für den Philosophen Ernst Bloch (1885–1977) waren die Reden des Gorgias getragen von einem „ungeheuren jungenhaften Übermut".

Kochkunst statt Heilkunst

Platon forderte, es bedürfe eines Standpunkts jenseits der subjektiven und also auf Wahrscheinlichkeiten, also Glauben und Meinungen beruhenden Ansichten, und dieser könne sich kaum in der Rhetorik, viel-mehr ausschließlich in der Philosophie finden. Werde dieser Weg vom Rhetor nicht eingeschlagen, verlasse er sich

Detail aus Raffaels Gemälde „Die Schule von Athen". Platon rechts mit seinem „Timaios" in der Hand, neben ihm sein Schüler Aristoteles mit der „Nikomachischen Ethik".

einzig auf Manipulation und Täuschung, auf »Kochkunst« und nicht auf »Heilkunst«, wie Platon dies Sokrates in seinem »Gorgias« in den Mund legt: Die Rhetorik »stellt sich an zu wissen, welches die besten Speisen sind für den Leib, so dass, wenn vor Kindern oder auch vor Männern, die so unverständig wären wie die Kinder, ein Arzt und ein Koch sich um den Vorrang streiten sollten, wer von beiden sich auf heilsame und schädliche Speisen verstände, der Arzt oder der Koch, der Arzt Hungers sterben könnte. Schmeichelei nun nenne ich das und behaupte, es sei etwas Schlechtes [...], weil es das Angenehme zu reffen sucht ohne das Beste. Eine Kunst aber leugne ich, dass es sei; sondern nur eine Übung, weil sie keine Einsicht hat von dem, was sie anwendet, was es wohl seiner Natur nach ist, und also den Grund von einem jeden nicht anzugeben weiß: aber ich kann nichts Kunst nennen, was eine unverständige Sache ist.«

Rede als Kampfart

Die späteren Sophisten nannten die Rede »die Meisterin der Überredung«, ihr ganzes Geschäft laufe auf diesen einen Punkt hinaus. Als »Kampfart« bezeichnete sie Gorgias in Platons Dialog. Platon kritisiert an der Rhetorik der Sophisten, dass sie »den Bereich der gesellschaftlichen Praxis und der politischen Beratungs- und Entscheidungsinstitutionen als Verfü-

gungsmasse betrachtet«
(Ueding). Er fordert Selbst-
reflexion und eine öffentliche
Diskussion über Ethik und in
ihrer Folge über Pädagogik,
denn vornehmlich ging es ja
bei der Rhetorik um Unterricht. Für Platon ist der ideale
Redner ein Dialektiker, ein
Logiker, dessen Kunst – nun
kann er sie als solche
bezeichnen – aus rationaler
und logischer Argumentation
besteht. Denn der dialek-
tische Prozess des Zerlegens
und logischen Zusammen-
führens ist ihm Voraussetzung und zugleich innerstes
Wesen einer wahren Rheto-
rik. Platon stellt letztendlich
die Frage, ob die Rhetorik
überhaupt eine selbstständige Disziplin sei oder nicht
vielmehr in Abhängigkeit von Dialektik oder Philosophie betrachtet werden müsse.

John F. Kennedy bei
seiner Antrittsrede als
Präsident der Vereinig-
ten Staaten von Amerika
am 20. Januar 1960. In
der Neuzeit bewahrheitet
sich Platons Warnung,
die gesellschaftlichen
und politischen Entschei-
dungen würden mitein-
ander verschmelzen.

Rhetorik als Führung der Seelen

In seinem späteren Dialog »Phaidros« revidiert Platon
in gewisser Weise sein Urteil und nennt die Rhetorik
»eine Art Führung der Seelen durch Reden« – Seelen-
leitung des Menschen durch den Menschen also. In
einem Punkt jedoch bleibt er fest: Spricht er auch der
Rhetorik ihre Macht nicht ab – eine ethische Dimension erkennt er ihr nicht zu. Auch im »Phaidros«
besteht er weiterhin auf der Bedeutung des Wahren:
Diejenigen, die sich vom Wahrscheinlichen oder vom
Glauben lenken ließen, müssten schließlich dem
Wahren völlig Lebewohl sagen. Er räumt jedoch ein,
dass die Wahrheit der Vermittlung durch das Wort
bedürfe und gibt so der Rhetorik jenes Terrain zurück,
das er ihr zuvor abgesprochen hatte.

Im Unterschied zu Rhetorik als der *Rede*kunst, bedeutet **Dialektik** die *Unterredungs*kunst im Sinne von Gespräch oder Dialog. Dabei erfuhr der Ausdruck einen Bedeutungswandel, denn bei den Sophisten besagte Dialektik, ein Gespräch so zu führen, dass sich die Meinung des anderen am Ende als unhaltbar erweist. Von Sokrates wurde die Dialektik eingesetzt, um den Gesprächspartnern ihre Unwissenheit vor Augen zu führen. Für Platon bedeutete sie die methodische Erforschung der Wahrheit im Gespräch. Kant betrachtete sie als eine Logik des Scheins. Hegel teilt sie begrifflich in These (Behauptung), Antithese (Widerspruch) und Synthese (höhere Einheit), diese dritte Stufe ist ihrerseits wieder Ausgangspunkt für eine neue dialektische Bewegung. Für ihn beherrscht diese Gesetzmäßigkeit sowohl die menschliche wie die gesamte Natur und auch die Welt in Geschichte und ihren sozialen Formen. Im Gegensatz zu Hegel betrachtet der dialektische Materialismus die objektive Bewegung oder Messbarkeit der materiellen Welt. Sie ist eine Widerspruchslogik, die die Wahrheit durch Synthese aus These und Antithese erschließt.

Die Rhetorik als Gegenstück zur Dialektik

Für Platon ist der ideale Redner ein Dialektiker, dessen Kunst aus rationaler und logischer Argumentation besteht. Diesen Gedanken macht sich sein Schüler Aristoteles zum Programm und stellt die Rhetorik in seinem gleichnamigen dreiteiligen Werk, das als Antwort auf die in Platons »Phaidros« aufgeworfenen Fragen zur Rolle und Theorie dieser Disziplin gelten kann, als gleichberechtigte Disziplin neben die Dialektik. Gleich der erste Satz des ersten Buchs sagt es deutlich: »Die Rhetorik ist ein Gegenstück zur Dialektik«. War für Platon die Rhetorik noch etwas zu Kritisierendes, das als »Überredung«, »Scheinkunst« und »Schmeichelei« abgetan wurde und zur Wahrheitserkenntnis als untauglich eingestuft wurde, ist es für Aristoteles Aufgabe der Rhetorik, nicht »zu überreden, sondern zu erkennen, was, wie in allen übrigen Wissenschaften, jeder Sache an Überzeugendem zugrunde liegt«.

Beide Disziplinen haben das gemeinsame Anliegen, »ein Argument einerseits zu hinterfragen, andererseits zu begründen, einerseits zu verteidigen, andererseits zu erschüttern«. Aristoteles unterscheidet beide in einem Punkt: Während die Dialektik den Wahrheitsgehalt formaler Schlussfolgerungen, Definitionen und Aussagen untersucht, ist es Aufgabe der Rhetorik zu fragen, was es ist, das an einer Aussage bewirkt, dass der Hörer sie glaubt.

Techne rhetorike

Während für Platon die Rhetorik weder Wissenschaft (*episteme*) noch Fachdisziplin (*techne*) ist, sondern bloße Übung, Technik, Geschicklichkeit oder Fertigkeit zur Erzeugung von Wohlgefallen, ist sie für Aristoteles ein eigenständiges Fach, *techne rhetorike*, das darauf abzielt, von richtigen Einsichten geleitetes Verhalten hervorzubringen. Aristoteles unterscheidet zwischen veränderlichem und unveränderlichem Wissen. Letzteres fußt auf der Analytik, der Erkenntnis also, die aus theoretischem Wissen gewonnen wird; Ersteres entstammt dem Bereich der Ethik und Politik, fußt also auf Erkenntnis, die aus praktischem Wissen abgeleitet wird. Der praktischen Anwendung in beiden Wissensbereichen dienen die Techniken wie sie Rhetorik und Dialektik bereitstellen. Während Platon nur *einen* Maßstab des Wissens anerkennt, das ewig Wahre, dem die dialektische Logik als Instrument dient, lehrt Aristoteles eine Logik der Wahrscheinlichkeit.

Theorie des Meinungswissens

Die »Rhetorik« des Aristoteles ergeht sich nicht in Betrachtungen über die kunstvolle Produktion einer Rede, sondern beschäftigt sich mit einer Theorie des Meinungswissens, der wahrscheinlichen Schlüsse und einer glaubhaften Argumentation auf der Grundlage von Gefühlsgründen. Sie ist von daher vor allem argumentationstheoretisch ausgerichtet. Für Aristoteles ist nicht die Wahrheit an sich das anzustrebende Ziel bzw. der Maßstab, an dem die Wirkung der Rhetorik gemessen werden soll, sondern Glaubhaftigkeit und Überzeugungskraft in allen pragmatischen Sachverhalten. Darüber hinaus arbeitet sie fächerübergreifend: »Die Rhetorik hingegen scheint sozusagen an dem, was ihr vorgegeben ist, das Überzeugende sehen zu können. Daher sagen wir auch, dass ihr wissenschaftliches Betätigungsfeld nicht ein ihr eigenes, abgegrenztes Gebiet umfasst«.

Dialektik und Rhetorik haben es nach Aristoteles mit dem Ungewissen zu tun, besitzen aber beide die Fähigkeit, »über Entgegengesetztes Schlüsse zu bil-

Die **Rhetorik an Alexander**, das älteste erhaltene rhetorische Lehrbuch, geht auf Aristoteles zurück, denn es trägt die Widmung: „Aristoteles wünscht Alexander viel Gutes". Heute wird diese Zuschreibung nicht mehr aufrecht erhalten, und als Autor gilt Anaximenes von Lampsakos, der das Werk im sophistischen Geist um 340 v. Chr., kurz vor der »Rhetorik« des Aristoteles, verfasste. Besonders in der Beweislehre gibt es Verbindungen zwischen beiden Büchern, was auch zeigt, wie sehr das Werk seinen Vorgängern verbunden war. Jedoch ist die „Rhetorik an Alexander" ein reines Nachschlagewerk für genau umrissene Fälle ohne große Vertiefung. Von philosophischer Seite wurde diese Art der Rhetorik stets verachtet, denn sie instrumentalisierte die Kunst der Rede und reduzierte sie auf abrufbares Wissen.

Abb. S. 24: „Aristoteles beim Studium eingeschlafen", Miniaturmalerei von 1507. Auf der Tafel steht: „Was dem Schlaf entrissen, wird dem Leben gegeben."

den« und Streitpunkte im Wechselspiel der Argumente zur Entscheidung führen zu können.

Was ist Wissen? Was ist Glauben?

Zentrale Überlegungen in der Problemstellung des Aristoteles, um sich dem Begriff der Wahrscheinlichkeit annähern zu können, sind die beiden Fragen »Was ist Wissen?« und »Was ist Glauben?« Wie Platon vertrat er die Ansicht, dass sich im Bereich des Wahrscheinlichen kein Wissen im strengen Sinn erzielen lasse. Aristoteles definiert die Rhetorik als Disziplin, die sich eher mit Einzelfällen als mit allgemeinen Problemen beschäftige und die darüber hinaus auch Rück-sichtnahme gegenüber weniger informierten oder weniger gebildeten Zuhörern üben soll. Insofern setzt sie sich von der wissenschaftlichen Dialektik ab. Diese Hinwendung zum »schwachen« Zuhörer bedeutet jedoch, dass die *Wirksamkeit* der Rede, das eigentliche Feld der Rhetorik, in den Vordergrund der Betrachtungen rückt. Es leuchtet ein, dass überall dort, wo endgültiges Wissen unerreichbar ist, ein Konsens die Grundlage des Urteils und der Überlegungen darstellen muss. Der Konsens aber ist abhängig von den Überzeugungsmitteln der Rede, die untersucht und systematisiert werden müssen, denn »einzig die Überzeugungsmittel gehören zur Theorie, alles andere sind Zugaben«.

Aristoteles legt dar, warum die Rhetorik als Gegenstück zur Dialektik betrachtet werden soll. Sie sei gleichsam deren Populärversion. Zum Thema Wahrscheinlichkeit räumt er später ein, dass auch diese nach einem genau geregelten Verfahren kalkulierbar werden könne, wenn man nur ihre Voraussetzungen ernst nehme – eine weitere Hinwendung zur Redekunst als lehrbarer Theorie. Die Rhetorik sei also als die Fähigkeit definiert, das Überzeugende einer jeden Sache zu erkennen.

Die drei Redegattungen

Bei der Dreiteilung in Beratungs- oder politische Rede, Gerichtsrede und Lobrede richtet sich Aristoteles' Hauptaugenmerk auf die Haltung der Zuhörer.

Die „**Rhetorik**" des **Aristoteles** ist in drei wohl nicht zur gleichen Zeit entstandenen, aber in sich und thematisch verbundenen Teilen dargelegt. Das 1. Buch beschäftigt sich mit den Funktionen der drei Redegattungen: Beratungs- oder politische Rede, Lobrede und Gerichtsrede. Das 2. Buch widmet sich den Figuren von Redner und Hörer, beschäftigt sich mit ihrer Charakteristik und den Emotionen des Hörers, weiterhin mit der Topik. Das 3. Buch hat den Text als Mittel der Kommunikation zum Gegenstand. Hier entwickelt Aristoteles eine Stilistik und legt die Lehre der Gliederung des gesammelten Materials für die Rede zum Zwecke ihrer Präsentation dar.

Die politische Rede hat die Funktion des Ab- und Zuratens (*genus deliberativum*). Es geht darum, ein Urteil zu fällen. Sie wird in einer Volksversammlung gehalten und der besprochene Gegenstand liegt in der Zukunft, denn es geht um Dinge, die die Bevölkerung betreffen *werden*.

Die Gerichtsrede hat die Funktion der Anklage oder Verteidigung (*genus iudiciale*). Es geht darum, vor Gericht ein Urteil zu fällen. Der besprochene Gegenstand – die Tat – liegt in der Vergangenheit.

Diesen beiden Gattungen der Rede kam in der Welt der griechischen Polis größte Bedeutung zu – in Athen wohnten hunderte, manchmal mehr als tausend Zuhörer dem Gericht oder Rat bei und waren oft auch mit für die Entscheidungen zuständig. Einige der sophistischen Redner sahen die Aufgabe der Rhetorik darin, den jeweiligen Einzelinteressen mit allen Mitteln zum Sieg zu verhelfen, unabhängig von übergeordneten Interessen der Polis. Aristoteles kritisiert solche Redner, die sich auf die

Ansicht der Akropolis, wie sie im ausgehenden 5. Jahrhundert v. Chr ausgesehen haben muss, Modell aus dem Royal Ontario Museum, Toronto.

Gattung der Gerichtsrede spezialisiert haben, weil die Richter nicht über sie selbst betreffende, sondern über fremde Angelegenheiten befinden, was sie für sachfremde Beeinflussung anfällig macht. Aristoteles weist der Rhetorik in diesem Zusammenhang die klare Aufgabe der Aufklärung von Sachverhalten zu.

Die Lob-, Preis- oder Festrede hat die Funktion von Lob oder Tadel (*genus demonstrativum*). Hier bietet sich für den Redner vor allem die Gelegenheit zu glänzen und sich und seine Kunst in den Vordergrund zu rücken – es geht somit darum, die Zuhörer zu unterhalten, zu erfreuen, der besprochene Gegenstand fällt in die Gegenwart.

Die Überzeugungsmittel der jeweiligen Redegattung

Für jede der drei Redegattungen sind andere Überzeugungsmittel wichtig, typische Argumente, die bei der jeweiligen Gattung eine entscheidende und meinungsbildende Rolle in der *persuasion*, im Überzeugungsprozess, spielen. Aristoteles führt die unterschiedlichen Argumente für jede Gattung getrennt auf, denn ihr Ziel ist ein jeweils anderes. Bei der Beratungsrede stehe Nutzen oder Schaden im Mittelpunkt der Betrachtung, vor Gericht gerechtes oder ungerechtes Handeln, beim Lob oder Tadel schließlich ehrenhaftes oder unehrenhaftes Verhalten. In ausgreifenden Betrachtungen geht es um die jeweils redespezifischen Mittel der Überzeugung, die dem Redner zur Verfügung stehen müssen, um sein Ziel zu erreichen. Da in der Lobrede die Tugend angesprochen werde, sei es wichtig, deren Komponenten zu kennen: Gerechtigkeit, Tapferkeit, Mäßigkeit, Großzügigkeit, Hochherzigkeit, Freigebigkeit, Sanftmut, Einsicht, Weisheit. Bei der Gerichtsrede sind die vielfältigsten Gesichtspunkte zu bedenken, so die grundsätzlichen Motive für das unrechte Tun, vom Zufall über den Zwang und den Zorn bis hin zur Begierde. Neben den Motiven wird auch die Verfassung des Täters untersucht, die zu der jeweiligen Vorgehensweise gehört. Es gehe, so schreibt Aristoteles, im weitesten Sinne um eine Ethik des Täters: »Menschen begehen Unrecht, wenn sie der Ansicht sind, die Ausführung einer solchen Tat sei möglich und für sie selbst möglich, ferner, sie könnten die Tat unbemerkt ausführen, oder, wenn schon nicht unbemerkt, dann doch, ohne bestraft zu werden, oder aber es sei, sollten sie bestraft werden, die Strafe geringer als der Vorteil, entweder für sie selbst oder ihre Anvertrauten.«

Gerichtsszene des Nürnberger Prozesses, bei dem 273 Tage lang Kriegsverbrechen des Nationalsozialismus verhandelt wurden. Auf der Anklagebank sitzen Hermann Göring, Rudolf Heß, Joachim von Ribbentrop, Wilhelm Keitel und Ernst Kaltenbrunner.

Wichtig für die Überzeugung ist Wissen

Es wird nach diesen Betrachtungen deutlich, dass für Aristoteles nur derjenige wirklich überzeugen kann, der über alle Kenntnisse in einem bestimmten Bereich verfügt. Wichtig für die Disziplin und das Verständnis der Rhetorik allerdings ist, dass sich solche Kenntnisse auf Typisches reduzieren lassen und vor allem, dass solches Wissen und seine argumentative Umsetzung erlernbar sind.

Bei der Wahl der Mittel zur *persuasion* spielen drei Punkte eine entscheidende Rolle: Charakter oder Ethos des Redners, Gemütsverfassung oder Pathos der Zuhörer sowie die logischen Verfahren, die Logik der Rede.

Aufgabe des Redners ist es zu besänftigen, zu erregen und zu belehren, denn Überzeugung kommt nicht allein durch die vorgetragenen Argumente zustande; sie ist abhängig von der Person des Redners, denn »den Tugendhaften glauben wir lieber und schneller«, schreibt Aristoteles. Die Affekte der Zuhörer sind entscheidend, denn »nicht vollkommen gleich erscheint einem etwas, ob man nun liebt oder hasst, zornig oder gutmütig ist, sondern völlig oder dem Ausmaß nach verschieden«. Schließlich kommt es zur *persuasion*, wenn die richtigen und notwendigen Verfahren gebraucht werden, und »wir Wahres oder Wahrscheinliches von dem aus jedem Sachverhalt resultierenden Glaubwürdigen aufzeigen«.

Die menschlichen Affekte

Aristoteles behandelt im zweiten Buch der »Rhetorik« ausführlich die folgenden zehn Affekte, die für die Redesituation entscheidend sind: Zorn (und Verachtung), Besänftigung, Freundschaft (und Liebe bzw. Hass), Furcht (und Mut), Scham, Freundlichkeit (oder Wohlwollen), Mitleid, gerechter Unwillen, Neid und Rivalität (und Eifersucht).

Weiterhin untersucht Aristoteles verschiedene Charakteristika der Zuhörer, um deren Reaktion in den gegebenen Redesituationen abschätzen zu können, wobei er insbesondere das Alter und den sozialen Status der Zuhörer ins Auge fasst. »Daraus ist klargeworden, dass, wer besänftigen will, in seiner Rede von diesen allgemeinen Gesichtspunkten ausgehen muss, indem er einerseits die Zuhörer selbst in eine solche Stimmung versetzt, die aber, gegen die sich ihr Zorn richtet, als Leute darstellt, vor denen man sich fürchtet oder genieren müsse, mögen sie nun Wohltaten erwiesen, unfreiwillig gehandelt oder unter ihren Taten über die Maßen gelitten haben.«

In Bezug auf die Gefühlsreaktionen der Zuhörer und das Erwecken ihrer Leidenschaft schreibt Roland Barthes, Aristoteles teile »die Leidenschaften nicht nach dem ein, was sie sind, sondern nach dem, wofür sie gehalten werden: er beschreibt sie nicht wissenschaftlich, sondern er sucht Argumente, die sich im Zusammenhang mit den Vorstellungen des Publikums über die Leidenschaften einsetzen lassen. Die Leidenschaften sind ausdrücklich Prämissen, Plätze: Die rhetorische ›Psychologie‹ von Aristoteles ist eine Beschreibung des *eikos*, des gefühlsmäßig Wahrscheinlichen. Die psychologischen Beweise zerfallen in zwei große Gruppen: *ethe* (die Charaktere, die Töne, die Mienen) und *pathe* (die Leidenschaften, die Gefühle, die Affekte).«

Der französische Philosoph Roland Barthes (1915–1980) schrieb, Aristoteles habe die Leidenschaften nicht nach dem eingeteilt, was sie seien, sondern nach dem, wofür sie gehalten würden.

Die Selbstdarstellung des Redners

Zentral bleibt für Aristoteles die Figur des Redners, er ist die »kommunikative Instanz« (Knape). Für den Erfolg der Rede sind drei ethische Merkmale des Redners entscheidend: (a) Rationalität, Einsicht oder Umsicht. Es muss deutlich werden, dass das, was gesagt wird, auf Wissen beruht und dass dieses Wissen und die daraus resultierenden Ansichten auf die richtige Weise gebildet wurden. (b) Persönliche Integrität. Die Hörer müssen davon überzeugt sein, dass der Redende vertrauenerweckend ist, dass er die Sache, derer er sich angenommen hat, auch ernst nimmt und sich aufrichtig engagiert. (c) Zuneigung oder freundliches Wohlwollen. Die Zuhörer müssen den Eindruck gewinnen, der Redner stehe ihnen mit ehrlicher Sympathie gegenüber.

Der, dem es gelingt, diese drei Merkmale auf sich zu vereinen, setzt sich selbst – neben allem, was er sagt – als bestes Überzeugungsmittel ein. Roland Barthes nennt diese Vorgehensweise »theatralische Psychologie« und schreibt über den Redner des Aristoteles, er müsse zeigen, was er *für den anderen* sein wolle. Er »äußert eine Information und sagt *gleichzeitig* ich bin dies, und nicht jenes«.

Will man die Leidenschaft der Zuhörer entfachen, beispielsweise Zorn, muss der Redner in jedem Fall die genannten drei Merkmale auf sich vereinen, denn es ist schwer, jemanden durch Reden allein zornig zu machen, soll dies die Absicht der Rede sein. Man muss über stichhaltige Argumente verfügen, sagen, gegen wen sich der Zorn richtet und muss vor allem anderen den emotionalen und geistigen Zustand eines Zornigen einschätzen können. Aristoteles gibt hier keine Definitionen der Affekte, er stellt nur fest, dass sie eine wichtige Rolle für die Wandlung oder Änderung der menschlichen Meinung sind, und darum geht es ja: Die Rede soll das abschließende Urteil, die endgültige Entscheidung beeinflussen. Zu diesem Zweck muss der Hörer in ein Spannungsfeld gestellt werden, er muss einerseits »bedient«, andererseits jedoch verunsichert werden, denn auf »Krisis« zielt die Rede ab.

Bausteine der Rede, die Topoi

Die *Topoi* (Orte) sind in der antiken Rhetorik die in den einzelnen »Raumteilen« des Gedächtnisses als Erinnerung gespeicherten Gedanken, die in der Phase der *inventio*, des Findens des zu besprechenden Stoffs, als Mittel der Beweisführung aufgegriffen werden. Sie sind Vorbedingungen des rhetorischen Schlusses, denn sie beziehen sich auf übereinstimmende Ansichten oder auf ein gemeinsam geteiltes Wissen von der Welt. Ihre Beweiskraft beziehen sie aus eben dieser Tatsache. Jeder Topos kann Ausgangspunkt unterschiedlicher oder sogar gegensätzlicher Schlüsse sein, denn er ist an sich völlig neutral. Es geht darum, schreibt Aristoteles, »eine Methode zu finden, nach der man über jedes auf-

Die Logik der Rede – der Syllogismus

Bei den logischen Überzeugungsmitteln oder der Logik der Rede macht Aristoteles deutlich, dass es in der Rhetorik vor allem um den ungebildeten Zuhörer geht, dem es gelte zu schmeicheln. Ihn muss man in den Mittelpunkt der Redeorganisation stellen, es gefalle ihm zum Beispiel, wenn er einen allgemeinen Satz, den er vielleicht kennt, auf einen besonderen Fall angewandt sieht. Er rät dem Redner, sich an vorgefassten Meinungen zu orientieren, wenn er Glauben finden wolle. Es geht ihm um eine deduktive Schlussfolgerung, deren Grundmuster der Syllogismus darstellt. Hier findet sich der berühmte aristotelesche Syllogismus: „Alle Menschen sind sterblich; Sokrates ist ein Mensch; Sokrates ist sterblich."
Das deduktive Verfahren erschließt dem Hörer die Sterblichkeit des Sokrates als Spezialfall eines allgemeinen Vorkommens oder einer allgemeinen Wahrheit.

gestellte Problem aus wahrscheinlichen Sätzen Schlüsse bilden kann und, wenn man selbst Rede stehen soll, in keine Widersprüche zu geraten.«

Aristoteles unterscheidet also neben diesen *Topoi* der rhetorischen Rationalität noch zwischen den *Topoi* der Affekterregung beim Zuhörer, dem Pathos, und der Charakterdarstellung des Redners, dem Ethos. »Von den durch die Rede geschaffenen Überzeugungsmitteln gibt es drei Arten: Sie sind zum einen im Charakter des Redners angelegt, zum anderen in der Absicht, den Zuhörer in eine bestimmte Gefühlslage zu versetzen, zuletzt in der Rede selbst, indem man etwas nachweist oder zumindest den Anschein erweckt, etwas nachzuweisen.«

Das 2. Buch umfasst eine Art Psychologie des Zuhörers, von der Martin Heidegger schreibt: »Aristoteles untersucht die παδη (*páthē*) im zweiten Buch seiner ›Rhetorik‹. Diese muss – entgegen der traditionellen Orientierung des Begriffs der Rhetorik an so etwas wie

Martin Heidegger und Rudolf Augstein am 23. September 1966 auf einem Spaziergang. In dem dort geführten Gespräch, das im „Spiegel" veröffentlicht wurde, sagte Heidegger: „Die Philosophie wird keine unmittelbare Veränderung des jetzigen Weltzustandes bewirken können […] Nur noch ein Gott kann uns retten."

einem ›Lehrfach‹ – als die erste systematische Hermeneutik der Alltäglichkeit des Miteinanderseins aufgefasst werden.«

Die Enthymeme

In seiner Schrift über die Topik beschränkt Aristoteles sich auf achtundzwanzig Fälle und reduziert die dreigliedrigen Syllogismen auf zweigliedrige Enthymeme.

Durch sie wird man zu einem »Meister des rhetorischen Schlussverfahrens«: »Diejenigen, die zur Zeit Redetheorien aufstellen, haben nur einen kleinen Teil von ihnen mühevoll erarbeitet; denn nur die Überzeugungsmittel sind Bestandteile einer Theorie, alles andere ist Beiwerk; über die Enthymeme, die die Grundlage der Beweisführung darstellen, sagen sie nichts aus, sondern sie beschäftigen sich in den meisten Fällen mit Nebensächlichkeiten«. Die Wahrscheinlichkeitsschlüsse oder Enthymeme können aus Wahrscheinlichem oder aus Indizien gebildet werden, stets gilt: Wenn A gilt, dann ist auch B wahrscheinlich. Wenn es sich bewölkt, wird es wahrscheinlich auch regnen. Andererseits aber folgt aus der Tatsache, dass jemand rasch atmet, noch nicht, dass er auch fiebert, wenn auch gilt, dass jemand, der Fieber hat, rasch atmet. Dieser wahrscheinliche Schluss liegt nicht vor, denn es gibt unzählige andere Gründe für schnell gehenden Atem. Es geht bei den Enthymemen eben nicht um notwendige oder allgemeine Sätze, sondern um solche, die *meist* zutreffen, diese verfügen in der Rhetorik über genügend Beweiskraft, denn der Nachweis der Wahrscheinlichkeit ist meist wichtiger als die absolute Wahrheit.

Gemeinplätze – das gemeinsame Bild von der Welt

Gleichzeitig weist Aristoteles auf die Probleme dieser Schlüsse hin. Im 2. Buch legt er eine Sammlung fertiger Beweise für alle möglichen Fälle vor und bietet so in gewisser Weise Formeln an, die sich fast immer anwenden oder auf andere und speziellere Fälle übertragen lassen. Dem Redner ist mit den *Topoi* ein Instrumentarium an die Hand gegeben, um den Vorstellungen der Hörer gerecht zu werden, zieht er doch seine Argumente aus einem angenommenen gemeinsamen Bild von der Welt, das Redner und Zuhörer verbinden soll. Das vom Redner offerierte Wissen bietet dem Hörer die Möglichkeit, sich umgehend im Einklang mit dem Gesagten zu befinden. Bei den *Topoi* geht es letztendlich um Allgemeinverständliches und Allgemeinverwertbares, um so genannte Gemeinplätze: »Die Gemeinplätze sind keine

Die aristotelischen Gemeinplätze
Für Aristoteles gibt es insgesamt drei Gemeinplätze: 1. das Mögliche/Unmögliche; durch die Konfrontation mit der Zeit (Vergangenheit, Zukunft) ergeben diese Termini eine topische Frage: Kann die Sache getan worden sein oder nicht, wird sie es sein können oder nicht? Dieser Platz lässt sich auf Gegensatzbeziehungen anwenden: War es möglich, dass eine Sache begann, so ist es möglich, dass sie endete, usw.; 2. seiend/nichtseiend (oder wirklich/unwirklich); wie im vorhergehenden Fall lässt sich dieser Gemeinplatzplatz mit der Zeit konfrontieren: hat sich eine kaum wahrscheinliche Sache dennoch zugetragen, so hat sich die eher wahrscheinliche sicher zugetragen (Vergangenheit); hier ist Baumaterial versammelt: es ist wahrscheinlich, dass hier ein Haus gebaut wird (Zukunft); 3. mehr/ weniger; das ist der Gemeinplatz der Größe und Kleinheit; er beruht hauptsächlich auf dem „erst recht"; es ist sehr wahrscheinlich, dass X seine Nachbarn geschlagen hat, da er doch sogar seinen Vater schlägt.

ausgefüllten Stereotypen, sondern im Gegenteil formale Plätze: Da sie allgemein sind (das Allgemeine ist ein Charakteristikum des Wahrscheinlichen), sind sie allen Gegenständen gemein.« (Roland Barthes)

Zum Topos des »Mehr und Weniger« schreibt Aristoteles: »›Wenn sogar die Götter nicht alles wissen, dann erst schwerlich die Menschen.‹ Das bedeutet: Wenn etwas bei jemandem, bei dem man es eher erwarten könnte, nicht zutrifft, dann ist klar, dass es erst recht nicht bei dem zutrifft, bei dem man es weniger erwartet. Die Behauptung aber, das der, der sogar seinen Vater schlägt, auch seine Nächsten schlägt, resultiert daraus, dass auch das mehr Erwartete vorhanden ist, wenn das weniger Erwartete vorhanden ist.«

Die rednerischen Aufgaben

Zum Ende des zweiten Buchs rückt Aristoteles noch einmal die Position des Zuhörers, das Pathos, in den Vordergrund und analysiert dessen Situation bei der jeweiligen Redesituation: Wenn er genießt, handelt es sich um eine Festrede, ist er angehalten, über eine vergangene Handlung zu urteilen, wird er zum Richter, und geht es um ein zukünftiges Geschehen, nimmt er eine beratende Position ein. Allen drei Gattungen liegen dieselben rednerischen Aufgaben zugrunde: a) *inventio*, Finden des Stoffs, der Argumente, der Beweise, b) *elocutio*, stilistische Gestaltung und sprachliche Formulierungen und c) *dispositio*, Anordnung und Gliederung der Argumente. Diese Dreigliederung wird später um zwei weitere Punkte ergänzt, die *memoria* der Rede und die *pronuntiatio*, der Vortrag selbst.

Das Wie der Rede

Im dritten Buch seiner »Rhetorik« beschäftigt sich Aristoteles neben der Stilistik mit der *memoria*, also dem Einprägen, Auswendiglernen der nach den einzelnen zuvor besprochenen Schritten vorbereiteten Rede. Ging es ihm in den vorangegangenen beiden Büchern um die Systematisierung des Überzeugungsprozesses, so behandelt er nun das Wie einer Rede, denn auch dies trage »wegen der Schlechtigkeit des Zuhörers« zur Überredung (*persuasion*) bei. Er kritisiert eine zu starke Anwendung poetischer Elemente, wie sie noch Gorgias empfahl, und beschränkt sich auf die rhetorischen Tugenden der Korrektheit der Rede, der Angemessenheit, der Verständlichkeit und des sprachlichen Ausdrucks, Kategorien, die später systematisch von ihm ausgebaut werden. Aristoteles lehrt eine wohlbalancierte Ausgewogenheit bei der Anwendung des Stils: »Der Redner muss unauffällig ans Werk gehen und keinen gekünstelten, sondern einen natürlichen Eindruck erwecken; dies nämlich überzeugt, jenes bewirkt das Gegenteil, denn die Leute fühlen sich betrogen, wenn man heimlich etwas gegen sie im Schilde führt, ähnlich wie wenn Wein gepanscht wird.«

Aristoteles, Gemälde von Justus van Gent, um 1476; Paris, Musée du Louvre

Aristoteles rät zur Verbildlichung der Sprache, zur Verwendung von Metaphern, denn Inhalte dem Zuhörer vor Augen zu führen, sie ihm sprachlich als Bild zu gestalten, erhöhe die Überzeugungskraft des Redners. Da nichts stärker wirke als das Sehen, bleibe es somit Aufgabe des Redners, mit den Mitteln der Sprache deren Beschränkungen zu überwinden – ein, wie sich noch zeigen wird, sehr moderner Gedanke, wird doch heute allenthalben über den Sieg des Bildes über das Wort lamentiert.

Das Einprägen der Rede

In einem gesonderten Traktat mit der Titel »Über Gedächtnis und Erinnern«, der als Anhang zur Schrift »Über die Seele« erscheint, beschäftigt sich Aristoteles mit dem Denkvermögen im Verhältnis zu Willen und Wahrnehmung. Bezüglich der *memoria* solle insbesondere die Verbildlichung dem Erinnerungsprozess Vorschub leisten, da große Gedächtnisleistung auf der Fähig-keit beruhe, sich abstrakte Gedanken in konkreten Bildern einzuprägen. Alle großen Theoretiker der Rhetorik haben sich mit diesem Thema auseinandergesetzt; es wird an späterer Stelle behandelt (S. 45, 144).

Auf diesen Münzen, um 45 v.Chr. geprägte Denars, sind die Schiffsschnäbel, *rostra*, zu erkennen, die der Rednerbühne auf dem Forum Romanum ihren Namen gaben.

Die Rhetorik ist eine griechische Wissenschaft

Die Schule Platons entwickelte eine zunehmende Skepsis allem konkreten Wissen gegenüber, was der rhetorischen »Philosophie des Wahrscheinlichen und Vorläufigen«, wie Karl-Heinz Göttert es nennt, Vorschub leistete. Cicero, der Aristoteles, Isokrates und Gorgias zu seinen großen Vorbildern zählte, versichert, von dieser »skeptischen Akademie« am umfassendsten gelernt zu haben. Gleichzeitig betrachtet er Sokrates und mit ihm Platon als die Urheber der Spaltung zwischen Rhetorik und Philosophie. Die Rhetorik war als griechische Wissenschaft nach Rom gekommen. »Griechisch« war dort damals gleichbedeutend mit »verdächtig«, man stand ihr – wie allem Griechischen – voreingenommen gegenüber, weshalb man Rhetorikschulen wiederholt schloss. In der griechischen Stoa selbst genoss die Rhetorik nur geringes Ansehen, und Cicero nannte sie, so wie sie inzwischen betrieben wurde, eine Lehre zum Abgewöhnen.

Die reisenden griechischen Philosophen und Lehrer drängten zur Macht, nach Rom, wo sie sich höhere Chancen auf Sicherung ihres Lebensunterhalts ausrechneten. Die Macht fürchtete und fürchtet sich stets vor fremdem Einfluss, hat Angst vor kultureller Unterwanderung und damit vor Aushöhlung ihrer selbst.

Im Jahre 161 v.Chr. zwang darum der römische Senat per Edikt griechische Philosophen und Rhetoren Rom zu verlassen und ins Exil zu gehen. Für Rom forderte man ein anderes Umgehen mit dem Lehrfach; es sollte von seinem strengen Regelkorsett befreit werden und sich als Unterrichtsfach der Lebenspraxis annähern.

Die Stoa Zenons

Von zentraler Bedeutung für die Entfaltung der Rhetorik in Rom war die griechische Stoa Zenons. Diese Schule der Philosophie beschäftigte sich mit der Rhetorik eher am Rande, setzte ihr allerdings mit ihrem rigorosen Wahrheitsanspruch feste Grenzen, womit sie sich der platonischen Dialektik verschrieb. Sprache bildet für die Anhänger dieser Schule die Grundlage jeder Kommunikation, und da sie zur Darstellung der Gedanken benutzt wird, lautet die Forderung, sie müsse korrekt und logisch sein. Vor allem aber müsse sie von allen Affekten befreit werden, denn der Redeschmuck verdunkle die Wahrheit. Als Folge wurde die

Der Name Stoa geht zurück auf die bunte Säulenhalle in Athen, *stoa poikile*, wo regelmäßige Treffen von Vertretern dieser neuen Philosophie stattfanden. Die Stoa lehrt eine einheitliche Welt, in der nur das Materielle wirklich ist.

affektbestimmte Rhetorik im platonischen Sinn als Schmeichelkunst abgewertet. Erst durch Cicero erlebte sie und mit ihr die gesamte Rhetorik als System umfassender Bildung in Rom eine Wiedergeburt.

Begründet wurde die Philosophieschule der **Stoa** um 300 v. Chr. von Zenon d. J. Der Name geht zurück auf die bunte Säulenhalle in Athen (*stoa poikile*), wo sich die Vertreter dieser neuen Philosophie regelmäßig trafen. Der Stoa liegt eine Weltvorstellung zugrunde, in der nur das Materielle wirklich ist; gleichzeitig sei die Welt aber durchströmt von göttlicher Urkraft. Große Naturverbundenheit und ein bescheidenes Leben im Einklang mit der Natur, was gleichbedeutend mit einem vernunftgeleiteten Leben ist, sind ihre Ziele. Gelassenheit, Tugend und Freiheit von Leidenschaften garantieren ein erfolgreiches und glückliches Leben. Auch Werte wie die Gleichheit aller Menschen umfasst ihre Lehre. In der mittleren Phase der Stoa entwickelte sie sich unter der Leitung von Panaitios (180–100 v. Chr) von den zunehmend lebensfeindlichen Auslegungen seiner Vorgänger zu einer realitätsnäheren Schule. Gesundheit und Wohlstand erlangten eine wesentlich größere Bedeutung für die sittliche Entwicklung des Menschen. Hierin ist der Grund zu sehen, warum die Stoa auf das republikanische Rom einen großen Einfluss ausüben konnte. Die jüngere Stoa der römischen Kaiserzeit zählte Seneca und Mark Aurel zu ihren Lehrern.

Rhetorik als Kunstübung

Die erste lateinische Rhetorikschule wurde im Jahre 93 v. Chr. gegründet, aber schon kurz darauf wieder mit dem Argument geschlossen, sie sei eine Neuerung, die gegen die Gewohnheit und Überlieferung der Vorfahren verstoße. Der Tübinger Rhetorikprofessor Joachim Knape sieht dahinter den Versuch, rhetorische Bildung

elitär und von der Jugend fern zu halten. In ihren römischen Anfängen wurde die Rhetorik auf Griechisch gelehrt und somit in erster Linie als eine Kunstübung gepflegt. Andererseits gab es in Rom unabhängig von griechischen Vorbildern eine rhetorische Tradition, und bevor die ersten Schulen entstanden, in denen Rhetorik als Disziplin gelehrt wurde, existierte bereits die nach festen Regeln und einer vorgegebenen Struktur angelegte Grabrede, die *laudatio funebris*. Die wohl eindringlichste und unter rhetorischen Gesichtspunkten manipulativste Rede ist die, die Shakespeare Mark Anton in den Mund legte, als der in dem Drama »Julius Cäsar« seine Rede auf den Ermordeten hielt (s. S. 170–172). Aber auch die Staatsrede hatte in Rom eine feste Struktur.

Die Ruinen der *rostra*, der Rednertribüne auf dem Forum Romanum, 24 x 12 Meter groß und 2 Meter hoch.

Bedingt durch seine politische Ordnung bot das Römische Reich der Rhetorik ein breites Anwendungsspektrum. Die Entscheidungsgewalt lag beim Senat, Entschlüsse wurden dort in öffentlicher Debatte herbeigeführt und mussten darüber hinaus dem Volk mitgeteilt werden, was wiederum durch das Wort geschah. Auch die juristischen Prozesse wurden öffentlich auf dem Forum oder auf den vom Magistrat einberufenen Versammlungen, den Komitien, ausgetragen, das Urteil lag bei Laienrichtern und Geschworenen. Wiederum fiel der sachbezogenen Rede eine gewichtige Rolle zu.

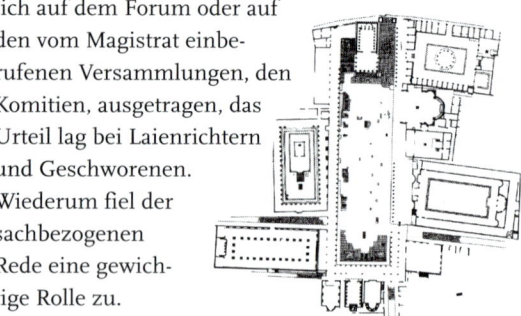

Das Forum in Pompeji mit dem Versammungsplatz, dem Podiumstempel an der einen und den Magistratsbauten an der anderen Schmalseite. Rechts und links die Markthallen und die Heiligtümer. Das Forum hatte eine Doppelfunktion als Marktplatz und politisches Zentrum. Hier wurden alle Debatten ausgetragen, hier maßen sich die Redner miteinander.

Seneca über den Redner in seinen Briefen an Lucilius

Von stoischen und epikureischen Grundsätzen ausgehend, kritisierte Seneca in seinen Briefen an Lucilius an der Sprache den Schmuck, die Künstlichkeit und die Verstellung: „Die Sprache ist das Kleid der Seele; wenn sie wohlfrisiert und künstlich hergerichtet ist, zeigt sie, dass auch die Seele ihrer nicht sicher ist und etwas Gebrochenes an sich hat." Auch an den Rednern lässt er kein gutes Haar: „Ein bedeutender Mensch formuliert entspannter und selbstsicherer; was immer er sagt, es enthält mehr Selbstvertrauen als Sorgfalt. Du kennst die geschniegelten jungen Männer, Bart und Haupthaar glänzend, ganz aus dem Schmuckkästchen; nichts Mannhaftes kannst du von ihnen erhoffen, nichts Gediegenes."

Seneca war wie Cicero ein gefeierter Redner – hier in einer Doppelherme mit Sokrates, 3. Jahrhundert, Berlin, Antikensammlung.

Die Person des Redners

Durch seine Ausrichtung an der Rhetorik des Isokrates und Aristoteles entwickelte Cicero schließlich ein System, das die Person des Redners in den Mittelpunkt stellte und eine Verbindung zwischen Philosophie, Ethik und praktischer Politik schuf. Das umfangreiche Regelsystem, wie es noch in der für die praktische Verwendung bestimmten »Rhetorik an Herennius« gelehrt wurde, erlebte eine Vereinfachung, die Arbeitsstadien der Rede wurden neu definiert, und der Redner besonders in seiner Wirkung auf den Zuhörer in das Zentrum der Aufmerksamkeit gerückt. Doch noch fast 100 Jahre später sah sich die Rhetorik in Rom starken Anfeindungen ausgesetzt.

Mit Cicero erreichte die römische Rhetorik ihren Höhepunkt

Zwischen der »Rhetorik« des Aristoteles und Ciceros »Von der Erfindungskunst« liegen mehr als zwei Jahrhunderte. Aber auch zwei Weltreiche. Und schließlich war es in Rom, wo von römischen Rednern und Rhetoren die Rhetorik neben der Philosophie zu einem der bedeutendsten Bildungssysteme der europäischen

Marcus Tulius Cicero, 106–43 v. Chr., Marmorbüste aus den Uffizien in Florenz

Geschichte entwickelt und gestaltet wurde. Im republikanischen Rom bedeutete Rhetorik die Fähigkeit, auf dem Forum bestehen zu können, wo neben den politischen Debatten die großen Prozesse verhandelt wurden. Hier waren die persönliche Bewährung des Redners und die Beeinflussung der zunehmend schwieriger zu lenkenden Massen die neuen Herausforderungen. Mit Cicero erreichte die römische Beredsamkeit ihren Höhepunkt, verlor als Mittel im politischen Kampf anschließend im Kaisertum jedoch mehr und mehr an Bedeutung. Lediglich als Bildungsideal konnte sie bis in die Neuzeit eine herausragende Position bewahren.

Die wichtigste Handschrift der „Rhetorica ad Herennium", der Codex Herbipolitanus H aus dem 9. Jahrhundert.

Die Produktionsstadien der Rede

Das zwischen 86 und 82 v. Chr. entstandene anonyme Lehrbuch »Rhetorik an Herennius« ist das älteste erhaltene Lehrbuch in lateinischer Sprache und gewährt »in systematischem Aufbau einen Überblick über das Ganze einer Disziplin«, schreibt Manfred Fuhrmann. Es sei besonders für den Unterricht geeignet, weil es nicht die Theorie des Fachs diskutiere, sondern sich auf den erreichten Wissensstand konzentriere. Behandelt werden die Hauptgattungen der Rede und die Stadien ihrer Entstehung: (1) Die *inventio*, die kreative Phase, das Finden des Redestoffs; (2) die *dispositio*, die hier schon im Gegensatz zu Aristoteles an zweiter Stelle und nicht an dritter erscheint. Sie behandelt die Auswahl des Stoffs, so wie er dem Publikum

Die 65 Figuren der „Rhetorik an Herennius"

Der Autor trennt in zwei Gruppen von *exornationes*, Zierungen: (a) Ausdrucksfiguren (*exornationes verborum*, 1–35); (b) Inhaltsfiguren (*exornationes sententiarum*, 36–65). Die zehn Tropen, 36–45, haben noch keinen eigenen Namen, der Autor sagt aber über sie: „Ihnen ist eigen, dass eine Abweichung von der sonst üblichen Bedeutung der Wörter vorliegt und die Rede einen anderen Sinn erhält, was mit einem gewissen Reiz verbunden ist."

1. *repetitio* – Wiederholung (Epanaphora)
2. *conversio* – Umkehrung (Antistrophe)
3. *conplexio* – Umfang
4. *traductio* – Wiederholung (einschießlich Atanaklasis)
5. *contentio* – Antithese
6. *exclamatio* – Ausruf (Apostrophe)
7. *interrogatio* – Frage
8. *ratiocinatio* – Überlegung mittels Frage und Antwort
9. *sententia* – Sinnspruch
10. *contrarium* – Überlegung mittels Entgegensetzungen
11. *membrum orationis* – syntaktische Einheit (Kolon, Klausel)
12. *articulus* – kleines Satzglied (Komma)
13. *continuatio* – Fortführung (Periode)
14. *conpar* – Silbengleichheit (Isokolon)
15. *similiter cadens* – Endungsgleichung (Homoioptoton)
16. *similiter desinens* – Auslautsangleichung (Homoioteleuton)
17. *adnominatio* – Anklang (Paronomasie)
18. *subiectio* – Einwand (Hypophora)
19. *gradatio* – Steigerung (Klimax)
20. *definitio* – Begriffsbestimmung (Definition)
21. *transitio* – Übergang
22. *correctio* – Berichtigung
23. occultatio – Übergehung (Paralipse)
24. *disiunctio* – Absonderung
25. *coniunctio* – Verbindung
26. *adiunctio* – Anschluss
27. *conduplicatio* – Wiederholung
28. *interpretatio* – Erklärung (auch Synonymie)
29. *commutatio* – Umstellung
30. *permissio* – Anheimstellung
31. *dubitatio* – Zweifel
32. *expeditio* – Aussonderung
33. *dissolutum* – unverbundene Satzeinheiten (Asyndeton)
34. *praecisio* – Abbrechen eines Gedankens (Aposiopese)
35. *conclusio* – Schlussfolgerung
36. *nominatio* – Benennung (Onomatopoiie)
37. *pronominatio* – Namensersetzung (Antonomasie)
38. *denominatio* – uneigentliche Benennung (Metonymie)
39. *circumitio* – Umschreibung (Periphrase)
40. *transgressio* – Versetzung (Hyperbaton)
41. *superlatio* – Übertreibung (Hyperbel)
42. *intellectio* – Inbegriff (Synekdoche)
43. *abusio* – uneigentliche Bedeutung (Katachrese)
44. *translatio* – Übertragung (Metapher)
45. *permutatio* – Vertauschung (Allegorie)
46. *distributio* – Zerlegung
47. *licentia* – Freimütigkeit
48. *deminutio* – Abschwächung

49. *descriptio* – Schilderung
50. *divisio* – Zerteilung
51. *frequentatio* – wiederholende Zusammenstellung (Akkumulation)
52. *expolitio* – Ausmalung
53. *exsuscitatio* – Ermunterung
54. *commoratio* – Verweilen
55. *contentio* – Antithese
56. *similitudo* – Vergleich
57. *exemplum* – Beispiel
58. *imago* – Bild
59. *effictio* – Schilderung des Äußeren
60. *notatio* – Charakterisierung
61. *sermocinatio* – simulierende Einführung eines Redenden
62. *conformatio* – Personifikation
63. *significatio* – nachdrückliche Andeutung (Emphase)
64. *brevitas* – Kürze
65. *demonstratio* – Veranschaulichung

vorgestellt werden soll, ist also auf das je spezifische Publikum auszurichten; (3) die *pronuntiatio*, Aussprache und eigentlicher Redevortrag; (4) die *memoria*, das Auswendiglernen oder Einprägen der Rede. Die beiden Punkte (3) und (4) stehen im völligen Gegensatz zur rhetorischen Konvention, bei Aristoteles kommen sie als direkte Aufgaben des Redners gar nicht vor. (5) Die *elocutio*, die sich bei Aristoteles noch an zweiter Stelle befand, behandelt die Regeln für den Vortrag und die Figuren für die stilistische Formulierung der Gedanken.

Die Statuslehre

Vornehmlich im Rahmen der juristischen Redegattung wird im ersten Buch eine Statuslehre präsentiert. Sie geht davon aus, dass sich der Redner zunächst darüber klar werden muss, was für ein Fall überhaupt zur Verhandlung ansteht. »Herennius« teilt in vier Fallgattungen ein, die jeweils entscheiden, welche Mittel in den jeweiligen Redeteilen anzuwenden sind: Die ehrenvolle, die verwerfliche, die unentschiedene und die unbedeutende Gattung (*honestum, turpe, dubium, humile*). In allen Fällen gibt es als jeweilige Grundkonstellation Anklage oder Verteidigung. Es entstehen vier Frageweisen für die Anlage der Rede: (1) Vermutungsfrage, *status coniecturae*: Ja oder Nein, ist die Tat begangen worden oder nicht? (2) Definitionsfrage, *status finitionis*:

Was für eine Tat ist begangen worden? (3) Rechtsfrage, *status qualitatis*: Ist die Tat zu Recht begangen worden? (4) Verfahrensfrage, *status translationis*: Ist das Verfahren überhaupt rechtmäßig? Diese letzte Statusfrage fehlt im »Herennius«, sie wird später von Quintilian hinzugefügt werden.

Kein Katalog von Regeln

Die »Rhetorik an Herennius« ist Wegbereiterin späterer Lehrschriften, sie verlangt von der Rhetorik die Verbindung von Weisheit und Beredsamkeit, wie sie auch Cicero später fordern wird und begreift die Disziplin in erster Linie als Umsetzung und Vermittlung politischer Ideen. Von seiner fast zeitgleichen rhetorischen Lehrschrift »De inventione rhetorica« (Von der Erfin-

---

Christoph Martin Wieland (1733–1813): Im Jahr 1774 erschien Wielands Roman „Die Abderiden". Er selbst charakterisiert das Werk wie folgt: „Eine idealisierte Komposition der Albernheiten und Narrheiten des ganzen Menschengeschlechts, besonders unserer Nation und Zeit." Im vierten Buch, das den Titel trägt „Der Prozess über des Esels Schatten" karikiert Wieland neben seinem oben zitierten Ziel auf perfekte Weise die Statuslehre, wie sie in der „Rhetorik an Herennius" und bei Quintilian definiert wird. Ein Zahnarzt aus Abdera einer altgriechischen Stadt an der Küste Thrakiens (der Geburtsort des Protagoras), deren Einwohner, die Abderiden, wie die Schildbürger, als einfältig galten, reist in eine andere Stadt und mietet für die Reise einen Esel. Es wird sehr heiß, und der Reisende lässt anhalten, um sich zur Kühlung in den Schatten des Esels zu setzen, da es weit und breit keinen anderen Schatten gibt. Der Eseltreiber berechnet nun nicht nur die Reise, sondern auch den Schatten des Esels, den sich der Zahnarzt zu zahlen weigert. Es kommt zum Prozess, der das abderidische Staatswesen selbst in Gefahr bringt. Wieland entlarvt die Gesellschaft als Narrentheater. In perfektem Hin- und Her fährt er eloquent die verschiedenen Statusfragen auf und diskutiert sie wortreich zwischen fiktivem Ankläger und Verteidiger.

Christoph Martin Wielands „Die Abderiden", Stich von Johann Heinrich Lips (1796). Der Prozess um des Esels Schatten gelangt an sein Ende, als die Abderiden den Esel in Stücke reißen.

dungskunst) sagt Cicero gleich eingangs: »Ich will nicht mit einem Katalog von Regeln wieder bei den Anfangsgründen unseres alten Schulsystems beginnen«. Cicero verfasst kein Lehrbuch, er geht von einem erweiterten Rhetorikbegriff aus. Im Gegensatz zur »Rhetorik an Herennius«, die vielfach ebenfalls Cicero zugeschrieben wurde und lange Zeit als dessen erste Rhetorik galt, beschäftigt er sich in »De inventione« weniger mit den stilistischen als mit den philosophisch-argumentativen Aspekten des Fachs. Bis ins Mittelalter und in die Neuzeit hinein bleiben beide Werke wegen ihrer Kürze und Übersichtlichkeit sowie ihrer nahezu katalogartigen Aufführung der Figuren und Tropen Lehrbücher der lateinischen Rhetorik. Cicero setzt sich schon hier besonders mit den darstellerischen und stilistischen Aspekten der Rede auseinander.

Dieser Codex aus dem 14. Jahrhundert enthält neben dem Text auf der rechten Seite Ciceros Jugendschrift „De inventione rhetorica".

So empfahl er den Schülern, die Figuren auswendig zu lernen, um über feste Möglichkeiten der nachträglichen Färbung, Verschönerung und Ausschmückung des Gerüsts der Rede zu verfügen: »Wie Farben (*colores*) müsse man die *exornationes* einsetzen, aber gezielt und kontrolliert, dann bewirken sie eine deutliche und zugleich abwechslungsreiche Rede (*distincta oratio*)«, schreibt Joachim Knape.

Aktualität, Umsetzbarkeit und völlige Vermeidung jeglicher Unverständlichkeit bei gleichzeitiger Orientierung an praktischen Bedürfnissen waren oberste Ziele der Redeproduktion. In dieses Schema passt ebenfalls die große Bedeutung des Memorierens der Rede, damit der Vortrag in Bezug auf Gestik und Mimik, auf Betonung und Aussprache kontrolliert werden konnte. Die *memoria* ist nicht »nur die Schatzkammer der im Prozess der *inventio* aufgefundenen Gedanken, sondern die Hüterin aller Teile der Rhetorik», so Knape.

Drei Gesichtspunkte der *memoria* in der »Rhetorik an Herennius«

Im »Herennius« werden drei Gesichtspunkte der *memoria* behandelt: (1) Die Ursachen des Erinnerungsvermögens; (2) die Entfaltungsbedingungen des Erinnerungsvermögens; (3) die Technik des Erinnerns. Grundsätzlich unterscheidet der Autor zwei Arten des Auswendiglernens, »das eine ist von Natur aus gegeben, das andere künstlich erworben«. Immer geht es bei der Mnemotechnik, der Gedächtniskunst, um Orte, an denen die zu erinnernden Daten als Bilder gespeichert werden sollen. »Wenn wir beispielsweise die Erinnerung an ein Pferd, einen Löwen, einen Adler festhalten wollen, müssen wir die Bilder von diesen an bestimmten Orten festsetzen«, wo sie gelagert bleiben, bis sie im Moment der Rede abgerufen werden.

Verschulung des Fachs

Wichtig bei der Bewertung des »Herennius« ist die Verschulung der Materie, der Wunsch nach der Möglichkeit einer schablonenartigen Vorbereitung der Rede, während Cicero in »De inventione« und vor allem später in »Vom Redner« die Bedeutung der Rede zur politischen Willensbildung in den Vordergrund und die Form (wenn sie nicht Form der Rede an sich ist) in den Hintergrund rückt. Cicero spricht von der Gefahr der Rede, von ihrer »Macht«, aber auch von ihrer Kultur stiftenden Rolle. Dabei bleibt er ein Gegner der »Rhetorik-Trainer«, wie sie Gert Ueding »in Analogie zu ihrer heute wirkenden Nachfolge-Zunft«, nennt, »die die Beredsamkeit auf ein technisches Vermögen, eine Art Sozialtechnik reduzieren, also ein bloßes Redehandwerk betreiben«. Bereits Cicero warnt vor den Gefahren, die eine solche Rhetorik in sich birgt: »Nachdem aber eine gewisse Geschicklichkeit, welche in verwerflicher Weise die Tugend nachahmte, ohne alle Rücksicht auf die Pflicht, sich der Fülle der Rede bemächtigt hatte, da gewöhnte sich die Schlechtigkeit, im Vertrauen auf ihr Talent, ganzen Städten und dem Zusammenleben der Menschen den Umsturz zu bereiten«.

Vom Redner

In seiner folgenden Arbeit über die Rhetorik, »De oratore« (Vom Redner), der »bedeutendsten Darstellung der Rhetorik, welche die Antike hinterlassen hat« (Manfred Fuhrmann), rückt Cicero die Person des Redners in den Mittelpunkt.

Cicero will dort fortfahren, wo die Griechen aufgehört hatten; er will kein Lehrbuch schreiben, keinen Katalog von Regeln darlegen, wie es in den von ihm kritisierten Werken der Fall war. Er verfasste sein Werk in Dialogform und wählte Personen der Geschichte, Römer aus seiner eigenen Kindheit und Jugend, dazu gehören der bereits erwähnte Licinius Crassus, Marcus Antonius, Publius Sulpicius Rufus, Gaius Aurelius Cotta, Quintus Mucius Scaevola und die beiden Stiefbrüder Quintus Lutatius Catulus und Gaius Iulius Caesar Strabo. Das Gespräch wird an zwei Septembertagen des Jahres 91 v. Chr. auf dem Gut des Crassus bei Tusculum, nahe des heutigen Frascati, geführt. Das Buch besteht aus drei Teilen, wobei der erste dem Verhältnis von Rhetorik und Philosophie gewidmet ist und Teil zwei und drei sich mit rhetorischem Fachwissen beschäftigen.

Die Rednerbühne auf dem Forum Romanum stand stellvertretend für die Republik, für die Austragung politischer, juristischer und auch machtpolitischer Kämpfe und Debatten. Sie war eine Institution. Hier wurden die von den Römern in Seeschlachten erbeuteten bronzenen Schiffsschnäbel, *rostra*, wie sie im Lateinischen heißen, als Trophäen angebracht. Die Rekonstruktion von Christian Hülsen zeigt die Plattform der Rostra aus der Kaiserzeit.

Rhetorik im Dienst von Politik und Pädagogik

Cicero entwickelt in »De oratore« nicht nur eine rhetorische Technik, sondern stellt sie auch vollständig in den Dienst seiner politischen und pädagogischen Ansichten. Es geht ihm um den perfekten Redner, den *orator perfectus*, der gleichzeitig auch der perfekte

Staatsmann sei. Als Voraussetzungen dieses Redners nennt Cicero: (a) *natura*, die natürlichen Anlagen des Menschen, Intelligenz, Beweglichkeit und auch körperliche Vorzüge; (b) *ars*, die Kenntnis der Kunstlehre, der theoretischen Grundlagen, der Methoden und Regeln der Rede; (c) *exercitatio*, die nötigen Übungen zur Vervollkommnung der für die Rede nötigen körperlichen wie geistigen Fertigkeiten, des Gedächtnisses und der Stimme. Das Buch entstand in der von Julius Cäsar im Jahr 55 v. Chr. ausgelösten Krise der Republik. Und so geht es nicht nur um die Darstellung und Analyse dessen, was einen perfekten Redner ausmacht, sondern auch um die Frage nach den Möglichkeiten, diese Regierungsform zu erhalten. Nur die Republik sei Garant für eine freie Entfaltung der Meinungsvielfalt, denn »allein in ihr ist jenes menschenwürdige Dasein möglich, das von der Rede geprägt ist« (K.-H. Göttert).

Rhetorik als Form des Lebens

In Ciceros »De oratore« wird die Rhetorik zu einer Art Philosophie oder besser: zu einer bestimmten Form des Lebens, des Lebens in der Republik, wie es vom Forum aus bestimmt wurde. Anders als in »De inventione« wird die Kunst der Rede nun im Hinblick auf den Vortragenden analysiert. »Alle Wirkung und Methode der Redekunst hat sich in der Besänftigung oder Erregung der Zuhörer zu erweisen. Dazu gehört noch ein gewisser Charme und Witz, Bildung, die eines freien Mannes würdig ist, sowie Schlagfertigkeit und Kürze bei Erwiderungen und Attacken, mit der sich feine Anmut und Eleganz verbinden. Der Redner muss durch die Bewegung des Körpers, durch Mienen- und Gebärdenspiel, durch Ausdruck und Abwechslung der Stimme das rechte Maß erhalten; wieviel allein schon das an sich bedeutet, lehrt die schlichte Schauspielkunst und das Theater«.

Der Redner als Gestalter der Wahrheit

Immer jedoch wird vom Redner, vom »Gestalter der Wahrheit«, wie Cicero ihn nennt, gefordert, er müsse das, worüber er spricht, beherrschen, denn »hat sich der Redner die Sache nicht ganz angeeignet, so bietet seine Rede nur leeres und beinahe kindisches Geschwätz«. Die menschliche Führungsfähigkeit ist für ihn direkt abhängig von einer umfassenden Kenntnis der menschlichen Natur und gleichzeitig des gesamten Wissens. Da aber nichts ohne das Wort vermittelt werden kann, müsse der Redner den Philosophen überbieten. Der Redner muss über jedes Thema »wortgewaltig und abwechslungsreich« reden können, als ein Mensch »mit scharfem Geist und einer Klugheit, die sich auf Begabung und Erfahrung gründet, ein Mann, der ein Gespür für die Gedanken und Gefühle, Meinungen und Erwartungen seiner Mitbürger und der Menschen hat, die er durch seine Rede von etwas überzeugen will«. Er muss darüber hinaus wissen, wie man sich der Rhetorik bedient. Es sind gerade diese Forderungen, die Cicero von jener Kritik gegenüber der Rhetorik ausnehmen, wie sie schon von Platon, und später auch von Seneca sowie von der Stoa formuliert wurde.

Ausklammerung der Lobrede

Cicero klammert die Lobrede als Gattung aus, spielt sie doch seines Erachtens keine Rolle, denn nur vor Gericht und in der Politik gehe es um solche Kämpfe, die einen wirklich großen Redner erfordern. Die Rhetorik wird hier erneut zur »Kampfart« wie schon Platon es Gorgias in den Mund legte, als er sich im gleichnamigen Werk gegen die Rhetorik aussprach.

In »De oratore« entfernt sich Cicero von seinen früheren Betrachtungen zur Rhetorik. Es geht ihm weniger um das *Was* als das *Wie* der Rede, denn die wirkliche Aufgabe des Redners ist »etwas, das man sagen muss, schön, wortreich und abwechslungsreich zu sagen«. Denn »die Menschen entscheiden ja viel mehr aus Hass oder aus Liebe, Begierde und Zorn, Schmerz oder Freude, Hoffnung oder Furcht, aus einem Irrtum oder einer Regung des Gemüts, als nach der Wahrheit oder seiner Vorschrift, nach irgendeiner Rechtsnorm oder Verfahrensformel oder nach Gesetzen«. Mit dieser Aussage betont er die Bedeutung der zuvor so verachteten Affekte, wie sie Aristoteles in seiner »Rhetorik« zum Programm erhob.

Kunstprosa auf höchster Ebene

Laut Cicero hat der Redner die Aufgabe, Kunstprosa auf höchstem Niveau und von höchster Präzision zu verfassen. Alle Mittel sind dafür recht. »Welche Musik ist denn zu finden, die süßer klingt als eine Oratio im rechten Maß und Ton? Welches Versgedicht ist ausgewogener als eine kunstgerechte Prosasequenz? Was für ein Schauspieler wirkt durch die Nachahmung der Wahrheit auf dem Theater angenehmer als ein Orator dadurch, dass er sich für sie einsetzt? Was aber ist bestechender als eine Fülle treffender Gedanken? Was bewundernswerter, als eine Sache durch den Glanz der Formulierung ins rechte Licht zu setzen? Was wirkt reicher als die Mannigfaltigkeit stofflicher Fülle der Oratio? Denn es gibt nichts, was nicht in die Zuständigkeit des Orators fällt, soweit es ums elaborierte und zugleich eindringliche Formulieren geht.«

Der Erfolg der Rede, denn nur darauf kommt es an, entscheidet sich für Cicero im psychologischen Bereich, also in der Einbeziehung der Gefühle der Zuhörer. Aus diesem Grund behandelt er ausführlich den Einsatz des Sprachwitzes. »Nicht die sachliche Information, nicht die logische Präparierung des Falles entscheidet, sondern dessen hinreißende Vermittlung« (Göttert).

Sigmund Freud, Radierung von Ferdinand Schmutzer, 1926

Witztheorie

»Cicero«, schreibt Knape »legt mit seinen Ausführungen den Grund für eine römisch-rhetorische Witztheorie. Er konzentriert sich auf den pointierten Witz (*sal*), den er als scharfe oratorische Waffe sieht.« Cicero analysiert den Witz und dessen Wirkung und formuliert fünf Fragen dazu: Woher kommt das Lachen? Was löst das Lachen aus? Soll der Orator Heiterkeit auslösen? Wie weit kann er gehen? Welche Arten des Lächerlichen gibt es? Dabei entwickelt er keine spezielle Topik des Witzes, es geht ihm vielmehr darum, den Stoff des Witzes aus dem Alltäglichen zu ziehen und ihn dann sprachlich pointiert vorzutragen. Cicero leistet mit diesen Betrachtungen das, was Sigmund Freud 2000 Jahre später fordert, denn »die philosophischen Bemühungen (sind) dem Witz lange nicht in dem Maße zuteil geworden, (wie er sie) durch seine Rolle in unserem Geistesleben verdient.«

Natürlich bedürfe es zur Erreichung des gesteckten Ziels der Hilfsmittel, wie sie die Rhetorik zur Verfügung stellt, aber diese dürften nie überschätzt werden: sie seien lediglich Hilfen im Überzeugungsprozess, dürften sich aber niemals, wie es noch in der »Rhetorik an Herennius« geschehen sei, verselbständigen.

Wahrheit im *Was*, nicht im *Wie* der Rede

Fünf Schritte galten Cicero neben der glänzenden Darstellung als unverzichtbar für den erfolgreichen Aufbau einer Rede: (1) *inventio*, die Sammlung des Stoffes und wichtiger thematischer Gesichtspunkte und das Erlernen seiner Beherrschung; (2) *dispositio*, die zweckmäßige Gliederung des Materials und das Anpassen an die Normen der Rhetorik; (3) *elocutio*, die stilistische Gestaltung, das heißt, Wahl der Sprache je nach Thema und Gelegenheit; Cicero gibt hier zu bedenken, dass der Stil etwas Individuelles darstelle und es letztlich so viele Stile wie Redner gebe; (4) *memoria*, das Auswendiglernen der einzelnen Teile der Rede; (5) *actio*, der Vortrag an sich, Haltung, Stimmlage, Gebärden etc., also die Verwendung der wirkungsvollsten Techniken.

Noch bei Aristoteles erschienen die Punkte (2) und (3) in umgekehrter Reihenfolge, hingewiesen wurde aber bereits darauf, dass sich deren Positionen ändern sollte. Im »Herennius« (s. S. 40 und 42) ist die Abfolge ebenfalls anders.

Die Kunst der Überzeugung hängt nach Cicero vorwiegend von den Affekten ab, weniger von den Argumenten, weshalb er rät, die Rede ganz vom individuellen Fall zu lösen und ihre Wirkung auf Themen zu verlegen, die den Hörer mitreißen: »Am wirkungsvollsten also sind die Reden, die besonders weit ausgreifen und von der individuellen, einzelnen Streitfrage zu einer wesentlichen und grundsätzlichen Erklärung führen; so können die Zuhörer sich nach der Erkenntnis der entsprechend als hinreichend relevant herausgearbeiteten Gesichtspunkte ein Urteil über die einzelnen Angeklagten, Vorwürfe und Streitfragen bilden.« Wahrheit also tatsächlich nicht im *Was*, sondern im *Wie* der Rede: die Hervorbringung der Wahrheit ist Sache des Redners, der durch diese Aufgabe praktisch zu ihrem Stifter wird.

Asianismus und Attizismus

Cicero war Staatsmann, Redner und als Autor Theoretiker der Redekunst. Von seinen Zeitgenossen wurde er in erster Linie als Redner wahrgenommen, und als solcher musste er sich auch mit Kritik auseinandersetzen. Sein Redestil wurde als Asianismus, also als schmuckreich und deklamatorisch, als zu stark angelehnt an die Schauspielkunst gebrandmarkt. Als Ideal favorisierte man vielerorts den mit Athen assoziierten Attizismus, der sich durch Einfachheit auszeichnete. Diesem Vorwurf widersprach Cicero in den beiden Werken »Orator« und »Brutus«. In letzterem behandelt er ebenfalls in Dialogform die Geschichte der Rhetorik und stellt sich ans Ende einer langen Reihe griechischer und römischer Redner. Immer wieder prangert er den Verfall der Republik an, der dazu geführt hat, dass das Forum als zentrale Plattform der politischen Auseinandersetzung überflüssig wurde.

In seinen 14 »Philippischen Reden« gegen Markus Antonius, die ihren Namen aufgrund der Parallele zu den Reden des Demosthenes gegen den Makedonierkönig Philipp bekamen, sprach er sich ebenfalls wortreich für den Erhalt der Republik aus. Im »Redner« legt er dar, dass der brillante Umgang mit dem Wort der Rhetorik zu danken sei, die mit Schwulst, bloßem Schmuck oder eben

Zwei römische Beamte in den Togas der Honoratioren, Fragment eines Bronzereliefs, Malibu, J. Paul Getty Museum

Asianismus nichts zu tun habe. Cicero selbst wendet sich gegen diese Form des Vortrags und tut sie als leere Form ohne jeden Inhalt ab. Dagegen stellt er seine Anlage der Rede, in der Form und Inhalt in ausgewogener Weise harmonisierten. Seine Sympathien definiert er jedoch klar, sein Ideal ist der »weitausgreifende, wortreiche und wortgewaltige Redner in seinem Schmuck: er besitzt in der Tat die höchste Wirkungskraft.«

Die Erwartungshaltung des Zuhörers

Cicero gründet seine Überlegungen auf der Erwartungshaltung des Zuhörers, was wiederum die Forderung an den Redner stellt, sich einer möglichst großen Flexibilität zu bedienen, denn alle Affekte der Hörer sollen bedacht und angesprochen sein: »Diese Beredsamkeit vermag den Hörer zu beeinflussen, vermag auf jede Weise zu bewegen; bald bricht sie gewaltsam ein, bald schleicht sie sich ein in die Sinne, sät neue Gedanken, reißt aus die alteingewurzelten.«

Die klangästhetische Bearbeitung des Vortrags

In Ciceros Betrachtungen wirken die klassischen Mittel der Rhetorik, die Figuren und Tropen, eher nebensächlich, denn im Vordergrund steht der Vortrag an sich, insbesondere im Hinblick auf seine klangästhetische Bearbeitung. Weitgehend entscheidet das Ohr über das Gehörte, darum müssten die Endsilben der vorangehenden Wörter zu den Anfangssilben der folgenden passen, darum müssen Kakophonien, klangliche Härten, und Hiate, das Zusammentreffen von Vokalen in aufeinander folgenden Wörtern, vermieden werden. Wohlklang ist sein Ziel. Auch den allgemeinen Rhythmus der Sprache gelte es zu berücksichtigen. Zwar sollten Reime als direkte poetische Mittel nicht verwendet werden, doch weder die Längen und Kürzen noch die Höhen und Tiefen der Aussprache dürften dem Zufall überlassen werden. Die Wörter stellten die *materia prima* dar, Rhythmus und Betonung schließlich gäben der Rede das nötige »Raffinement«.

Distanzierung von Demagogie

Dabei distanziert sich Cicero von bloßer demagogischer Beeinflussung. Schon in »Über den Redner« fordert er: »Es kann ja keine Meisterschaft im Reden geben, wenn der Redende den Gegenstand der Rede nicht beherrscht.« Seine ethischen Vorstellungen von der Person des Redners und seiner Aufgabe sind klar umrissen: er muss »Kenntnisse, Gedanken und Erwägungen so formulieren [...] können, dass man imstande ist, die Hörer in jede Richtung, zu der man neigt, zu treiben. Je größer diese Kraft ist, um so mehr gilt es, sie mit Rechtschaffenheit und höchster Klugheit zu verbinden. Wenn wir die Macht der Rede Leuten zur Verfügung stellen, die diese Eigenschaften nicht besitzen, so machen wir sie nicht zu Rednern, sondern geben Rasenden gewissermaßen Waffen in die Hand. Diese grundsätzliche Befähigung zu denken, aufzutreten und zu reden, die nannten, meine ich, die alten Griechen, Weisheit.« Rhetorik meint somit eine universale und alles umfassende Bildung, die ihre Blüte im *renaissance man*, wie es im Englischen heute zum festen Ausdruck geworden ist, im *uomo universale* der Renaissance gefunden hat und deren Vorstellungen von »Allgemeinbildung« bis ins 20. Jahrhundert hinein reichten. Die Rhetorik wurde für Cicero zur »Kulturträgerin schlechthin«, sagt Gert Ueding: »Das Gebiet der Beredsamkeit aber hat einen so großen Umfang, dass sie den Ursprung, das Wesen und die Veränderungen aller Dinge, der Tugenden, der Pflichten und der ganzen Natur, soweit dieselbe die Sitten, die Gemütsarten und das Leben der Menschen angeht, umfasst sowie die Sitten, Gesetze und Rechte anordnet, den Staat lenkt und alles, worauf es sich auch beziehen mag, mit Geschmack und Fülle vorträgt.«

Der Flächenstaat Rom

Die Eroberungskriege Roms waren zu Zeiten Ciceros zu einem Ende gekommen, das gewaltige Reich wurde nun jedoch von innenpolitischen Problemen, Skanda-

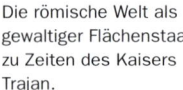

Die römische Welt als gewaltiger Flächenstaat zu Zeiten des Kaisers Trajan.

len und Bürgerkriegen erschüttert. Cicero ist überzeugter Vertreter der Republik und setzt auf deren Verfassung, denn nur sie sei in der Lage, durch die Debatte Konsens herbeizuführen. Während Griechenland aus kleinen Stadtstaaten bestand, in denen die politische Auseinandersetzung auf relativ wenige Personen beschränkt war, handelte es sich beim Römischen Reich um einen gewaltigen Flächenstaat, dessen Verwaltung sich als entsprechend schwierig erwies. Man muss Ciceros Schriften und seine Forderung, die Affekte anzusprechen und mit ihrer Hilfe »die Hörer in jede Richtung, zu der man neigt, zu treiben« und deren »alteingewurzelte« Gedanken zu

Im Tempel des Saturn an der Nordseite des Forum Romanum lagen der Staatsschatz des gewaltigen römischen Staates sowie die die Staatsfinanzen betreffenden Urkunden und Rechnungsbücher.

überwinden, vor dem Hintergrund eines politisch-pragmatischen Interesses lesen: Bildung, Wissenschaft und Rhetorik sind für ihn die in den Dienst des Gemeinwesens zu stellenden Mittel, ein solch großes Reich zu führen. Auch wenn Cicero selbst durchaus hohe moralische Intentionen zu unterstellen sind, darf nicht übersehen werden, dass aufgrund der vielfältigen Anwendungsmöglichkeiten der Rhetorik deren Missbrauch zu Ungunsten des Gemeinwesens nicht auszuschließen ist. »Ciceros Rhetorik, für die Lenkung der Massen durch eine ebenso gebildete wie moralisch gefestigte Persönlichkeit gedacht, ist auch die gefährlichste Rhetorik, die je formuliert wurde.« (K.-H. Göttert)

Das Ende der Republik

Nach dem Untergang der römischen Republik gibt es die Möglichkeit des Plebiszits, des Volksentscheids, nicht mehr. Die politischen und juristischen Reden, die zu seiner Herbeiführung gehalten wurden, sind überflüssig geworden. Beschäftigten sich die »Rhetorik an Herennius« und Ciceros Werke noch hauptsächlich mit diesen beiden Gattungen, wird nun die lange vernachlässigte dritte, die Gattung der Lobrede ins Zentrum der Aufmerksamkeit gerückt. Es gilt, der Macht zu schmeicheln und deren Feinde zu tadeln. Die Rhetorik wird zu einer Art ästhetischer Disziplin, in der die Tropen und Figuren erneut große Bedeutung erlangen. In ebendiesem Kontext setzt sich für den Schweizer Philosophen Gonsalv K. Mainberger die Gattung der alten Lobrede bis in die heutigen Massenmedien hinein fort (s. S. 111).

Römische Ästhetik im 19. Jahrhundert. Benito Mussolini nimmt vor antiker Kulisse eine Militärparade ab. Deckblatt der Wochenzeitschrift „Domenica del Corriere" vom 4. Juni 1939

Von Griechenland zum Rom des Quintilian

Die Römer übernahmen Theorie und Praxis der Rhetorik von den Griechen und entwickelten und verfeinerten die Disziplin. Von römischen Rednern und Theoretikern wurde die Rhetorik schließlich zu dem neben der Philosophie wirksamsten Bildungssystem der europäischen Geschichte ausgebaut. Während die »Rhetorik an Herennius« ausschließlich die Produktionsstadien und Gattungen der Rede behandelte, ging Cicero in seinen rhetorischen Schriften von einem erweiterten Rhetorikbegriff aus. Er schuf die Grundlage für eine Lehre, in der Erziehung, Politik, Recht und Ethik zusammengeführt wurden. Sein »perfekter Redner« praktiziert die Redekunst auf der Grundlage großen Allgemeinwissens und bindet sie an ein stark entwickeltes Verantwortungsbewusstsein. Er ist ein *vir bonus*, ein guter Mensch, und dieses Ideal eines Mannes beeinflusst die Persönlichkeitsideale westlicher Kulturen bis heute. In Cicero erreichte die römische Beredsamkeit ihren Höhepunkt. Mit dem Kaisertum allerdings verlor die Rede ihre Aufgabe im politischen Kampf.

Authentische römische Schriften sind nur selten erhalten geblieben. Hier handelt es sich um eine spätantike Abschrift eines Gesetzestextes.

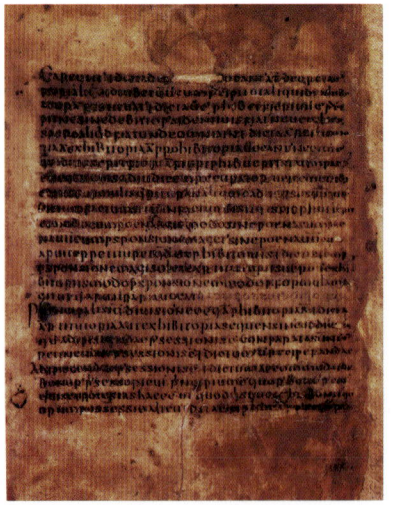

Die Kunst der Rede jedoch blieb weiterhin im Mittelpunkt römischer Bildung. Dies verdeutlicht besonders Quintilians umfangreiches Lehrbuch »Die Ausbildung des Redners« (*institutio oratoria*). Quintilian fasst das rhetorische Wissen der Antike zusammen, vereinigt Philosophie, Bildungstheorie und Politik zu einem umfassenden Konzept und beschäftigt sich besonders mit den moralischen Aspekten der Rede und des Redners. Dabei ordnet er die Philosophie der Rhetorik unter. Sein im Original leider verloren gegangenes Buch enthält, neben der Zusammenfassung dessen, was bis zu diesem Zeitpunkt zum Thema vorgestellt wurde, die pädagogischen und wissenschaftlichen Grundlagen der Disziplin Rhetorik.

Marcus Fabius Quintillian
Der römische Schriftsteller und berühmteste Rhetoriklehrer Roms wurde 35 n. Chr. in Calaguris, im heutigen Spanien geboren und verstarb vor dem Jahr 100 in Rom. Zu seinen Schülern zählten Plinius, Juvenal und Tacitus. Kaiser Vespasian übertrug ihm den ersten öffentlich bezahlten Lehrstuhl der europäischen Bildungsgeschichte, und Kaiser Domitian legte die Erziehung der Thronfolger in seine Hände. Gert Ueding bezeichnet ihn als den „Lehrer des Abendlandes", denn er stand am Anfang aller Pädagogik, so wie wir sie heute verstehen, und seine Erziehungsprinzipien wurden von allen Nachfolgern lediglich modifiziert und der jeweils eigenen Zeit angepasst, nicht aber grundlegend verändert.

Der römische Kaiser Vespasian (69–79 n. Chr.)

Rhetorik zu Zeiten der römischen Kaiser

»Die wichtigste Wirkungsstätte der Rhetorik im Kaiserreich wurde die Schule, der repräsentative Aufführungsort das Theater«, schreibt Gert Ueding. Die Disziplin der Redekunst verkümmerte unter den römischen Kaisern zur Kunstübung, zur Unterhaltung für Zuschauer, die nicht mehr länger Zuhörer im Sinne von Entscheidungsträgern waren, denn Reden und öffentliche Deklamationen widmeten sich unpolitischen und lebensfernen Themen. Die Beratungsrede beispielsweise wurde zur Fingerübung, denn fortan wurden juristische Spitzfindigkeiten und literarische oder mythologische Streitfälle und Schaugefechte zwischen verschiedenen Rednern ausgetragen. Das Hauptaugenmerk lag auf der Form, nicht auf dem Inhalt. Es ging phantastisch bis melodramatisch zu, aber die Reden waren beliebt, vergleichbar etwa heutigen TV-Phänomenen à la »Big Brother«, in denen nur noch eine Art medialer Nabelschau betrieben wird.

Das Theater von Aspensos in Kleinasien, der heutigen Türkei, stammt aus dem 2. Jahrhundert n. Chr. Es ist eines der besterhaltenen Beispiele dieser Art römischer Architektur.

In seiner »Institutio oratoria« schreibt Quintilian, der Verfall der Rhetorik sei den Eitelkeiten von Eltern und Lehrern anzulasten, die alles darauf ausrichteten, ihre jungen Redetalente zum öffentlichen Auftritt zu bringen. Doch diese Welt der »Zauberer, Pestilenzien, Orakelworte, Stiefmütter« könne der Realität nicht länger standhalten, sie seien Auswüchse. »Jene Erscheinungen, wie verrenkt sie auch immer sind, bestaunen wir als erlesener, nicht anders als bei manchen Herren verkrüppelte und irgendwie entstellte Körper höher im Preise stehen als solche, die von den Vorzügen ihres Aussehens nichts eingebüßt haben. Glauben doch auch Leute, die sich vom Schein blenden lassen, die Schönheit bei Menschen, die ihre Haare am Körper glatt ausrupfen, sich Locken brennen und in Farbe

Links: Unfall im Circus, Ben Hur überrennt einen gestürzten Konkurrenten. Szenenfoto aus dem Film „Ben Hur" von 1959

Unten: Rollenprobe für ein Satyrspiel. Der kahlköpfige Mann ist der Chormeister; vor ihm tanzen zwei Schauspieler (Mosaik aus Pompeji).

Panem et circenses

Der römische Satiriker Decimus Junius Juvenalis (um 60–140) prägte das Wort *panem et circensis*, Brot und Spiele, und versuchte damit die Massenunterhaltung der römischen Kaiserzeit auf den Punkt zu bringen. Für „Brot und Spiele" verzichte das Volk auf selbstständiges Denken, schrieb er, das überlasse es dem Kaiser. Christian Brandstätter ist der Ansicht, die Veranstaltungen hätten das Gesicht der Kaiserzeit entscheidend geprägt, denn nicht nur in Rom waren die Spiele beliebt, auch in den Provinzen pflegte man die verschiedenen Sparten der *spectaculae*: Wagenrennen im Circus, Gladiatorenkämpfe und Tierhetze im Amphitheater, Athletenwettkämpfe im Stadion und schließlich das Theater. Vereinzelt gab es kritische Stimmen gegen die Spiele, Livius bezeichnete sie als „unerträglichen Wahnsinn", besonders lamentierte man über ihre hohen Kosten, doch gab es keine ernsthafte Forderung, auf sie zu verzichten, zu sehr waren sie Ausdruck des römischen Lebens. Der Kirchenschriftsteller Tertullianus (*160, †220) schrieb um das Jahr 200 seine Abhandlung „De spectaculis": „Wenn uns also Raserei untersagt wird, dann halten wir uns von jedem Schauspiel fern, auch vom Zirkus, wo speziell die Raserei den Vorsitz führt. Schau dir das Volk an, das zu diesem Schauspiel schon mit Raserei hinkommt, schon tobend, schon verblendet, schon aufgeregt durch die Wetten!"

erstrahlen, die nicht ihr eigen ist, sei größer als die unverdorbene Natur sie verleihen kann, so dass es scheint, als käme Schönheit des Körpers von der sittlichen Missgestalt des Geistes«, schreibt Quintilian gegen diese Entwicklung und bietet sein System an, das sich – wie es im Laufe der Geschichte immer wieder proklamiert wurde, wenn Machtlosigkeit das Kennzeichen der politischen Opposition war – mit der Erziehung künftiger Generationen beschäftigt.

Die Pädagogik des Quintilian

Die Verbindung von Bildungsideal und Rhetorik hatte schon Cicero dargelegt, von Quintilian wurde sie zur Perfektion geführt, und er machte daraus »eine konsequente rhetorische Pädagogik«, wie Ueding es nennt. Schon Aristoteles hatte gesagt, dass sich Tugend nur über einen sehr langen Zeitraum lehren lasse und der ständigen Einübung bedürfe. Ausgehend von dieser Überlegung setzt die Erziehung nach Quintilian schon im frühesten Kindesalter ein. Der Spracherwerb wird gezielt gesteuert, und das Kind ist nur von Personen wie Ammen oder Erziehern umgeben, die eine perfekte Aussprache und Kontrolle über die Sprache haben. Es ist interessant, dass dies mit neuesten neurolinguistischen Forschungsergebnissen im Bereich des Spracherwerbs übereinstimmt: Das, was wir Muttersprache nennen, bildet sich bereits im Säugling, ja schon im Mutterleib heran. Ein Baby »blabbert« bereits in der jeweiligen Muttersprache, denn die Melodie der Sprache dringt durch das Fruchtwasser zu ihm durch. Mit acht Wochen versteht es bereits etwa 60 Wörter.

Bei Quintilian kommt das Kind mit fünf Jahren in die Schule und in die Hände der (wenn möglich) besten Rhetoren, denn, so Quintilian, gerade die frühkindliche Erziehung entscheidet über spätere Fähigkeiten. Die Idee des spielerischen Lernens stammt von ihm, körperliche Strafen und andere autoritäre Erziehungsmethoden zur Steigerung der Lernmotivation lehnt er ab. Erfolg durch Lob, hieß das Motto. Im weiteren Verlauf der Erziehung gelte es, besonderes Gewicht auf das Studium der Literatur zu legen, da die Wörter erst durch anerkannte Schriftsteller ihre Rechtfertigung gewännen.

»Quintilian selbst behandelt von den allerersten Erziehungsmaßnahmen bis zum Schulstoff und seiner Verteilung auf die entsprechenden Altersstufen alles, was dem Endziel eines human gebildeten Elitemenschen förderlich erscheint. Wer die *Ausbildung des Redners* durchgearbeitet hat, kann in der Welt bestehen.« (K.-H. Göttert)

Rekonstruktion des Forum Romanum, des politischen Mittelpunkts der Republik

Statue des Marcus Porcius Cato (d. Ä.), Vatikan, Lateranmuseum. Cato war gegen Ende seines Lebens damit beschäftigt, den Einfluss des Hellenismus in Rom zu verringern und ihn durch das Ideal echten Römertums zu ersetzen. Seine Arbeit wurde für Quintilian zum Vorbild.

Die sittliche Wirkung des Redners

Für Quintilian ist das, was heute Allgemeinbildung genannt wird, die Grundvoraussetzung für den rhetorischen Unterricht. Im Gegensatz aber zu Cicero, der gegen das aufkommende Kaisertum anschrieb, verfasste Quintilian seine »Institutio oratoria« für das Rom der Kaiser. Mit dem Ende der Demokratie ging es nicht mehr, wie noch bei Cicero, um die Vertretung partikularer Interessen, sondern um die sittliche Wirkung des Redners. Rhetorik ist für Quintilian eine sittliche Leistung und die »Kunst der praktischen Betätigung wie der politischen Lenkung«. Seine Arbeit zielt also stets auf die Praxis ab und verfängt sich nicht im Theoretischen.

Aus diesem Grund definierte er die Rhetorik als »die Wissenschaft, gut zu reden, denn sie umfasst mit einem Wort alle Vorzüge der Rede und zugleich auch die sittlichen Lebensgrundsätze des Redners, denn gut reden kann nur ein guter Mensch.« Schon Marcus Cato, eins der großen Vorbilder Quintilians, bezeichnete einen Redner als »Ehrenmann, der reden kann«. Gleichzeitig und im Rahmen seiner Definition dessen, was denn Rhetorik sei, setzt Quintilian sich mit den Kritikern der Redekunst auseinander: Die einen hätten sie nur als *facultas*, als Fähigkeit, betrachtet, wieder andere als *scientia*, als Wissenschaft, dann wieder als *ars*, als Kunst, kaum einer jedoch als *virtus*, Tugend. Die meisten Kritiker hätten die Aufgabe der Rhetorik in der Überredung gesehen und eben diesen Punkt am heftigsten kritisiert. Die am häufigsten genannte Fähigkeit der Rhetorik aber, nämlich zu überreden, besitzt nach Quintilian auch jemand, der kein *vir bonus*, kein Ehrenmann sei. Darin allein also könne nicht das bestehen, was er als Kunst der Rede bezeichne.

Rhetorik und Grammatik

In der Abgrenzung seines Fachs gegenüber anderen Disziplinen setzt sich Quintilian zunächst von der Grammatik ab. Er kritisiert, dass die Grammatiker zu seiner Zeit bereits alle wichtigen Grundlagenfächer einschließlich der rhetorischen Fachgebiete an sich gezogen hatten. Dem weiterbildenden Unterricht der Rhetorik blieb nur mehr die Deklamationslehre. Im ersten Buch seiner »Ausbildung des Redners« gliedert er die Grammatik in zwei Teile, Sprachlehre und Dichtererklärung; ihr Unterrichtsziel ist absolute Sprach-

Kaiser Augustus gibt sich als Bürger. Beim Opfer dargestellt, kleidet er sich nach dem Vorbild und im Sinne republikanischer Ideale, wie sie Cicero vertrat. Rom, Thermenmuseum

Marcus Porcius Cato (der Ältere)
*234 v. Chr. in Tusculum, †149 v. Chr. in Rom. Der konservative Staatsmann Cato war als Quästor in Sizilien und Afrika. In Spanien wurde er nach erfolgreichen Kämpfen Konsul. Ab 184 lebte er als Censor in Rom. Er trat für den 3. Punischen Krieg ein, Reden von ihm zu diesem Thema sind erhalten. Cato trug die Verantwortung für die Zerstörung Karthagos – berühmt ist sein Ausspruch „Ceterum censeo Carthaginem esse delendam" (Im Übrigen bin ich der Meinung, dass Karthago zerstört werden muss). Gegen Ende seines Lebens war Cato damit beschäftigt, den Einfluss des Hellenismus in Rom zu verringern und ihn durch das Ideal echten Römertums zu ersetzen. Diesem Ziel diente auch sein Hauptwerk, die „Origines", eine Darstellung der römischen Geschichte, erstmals in lateinischer Sprache.

korrektheit, unbedingte Voraussetzung für den guten Rhetoriker. Gleichzeitig ergibt sich aus dieser Gemeinsamkeit der Berührungspunkt zwischen den beiden Disziplinen, denn schon Cicero forderte für den Redner absolute Sprachrichtigkeit im normativen Sinne, wobei normativ in diesem Zusammenhang die Korrektheit auf der Grundlage eines bestehenden Regelapparats meint, wie sie die Grammatik einer Sprache darstellt, im Deutschen beispielsweise die des Dudens. Es ist interessant zu betrachten, wie sich eine solche Ansicht der Grammatik bis in die jüngste Zeit gehalten hat. Neuere Forschungen jedoch setzen die Sprache in all ihren Aspekten, also auch in dem, was normativ »falsch« sein mag, in den Mittelpunkt ihrer Betrachtungen.

Für das Deutsche gilt die Duden-Grammatik als *das* zentrale normative Regelwerk.

Quintilian hingegen geht in der Folge einen anderen und eigentlich sehr modernen Weg, wenn er ausführt, dass es seiner Ansicht nach keinen vorgeschriebenen, das heißt präskriptiven Weg geben kann. Für ihn gelten weder Antiquität (so hat man das immer schon gesagt) noch Autorität (so muss es gesagt werden), sondern der herrschende Gebrauch der Sprache. Das aber bedeutet, es gibt keine feststehenden Regeln , sondern lediglich Sprachbeobachtungen. Quintilian formuliert es so: »Also werde ich das Gebräuchliche in der Sprache die Übereinstimmung der Gebildeten nennen, so wie im Leben die Übereinstimmung der Guten.«

Die Beweislehre

Nach Quintilian gibt es drei Schlussformen: Epicheirem, Enthymem und Syllogismus. Zum Epicheirem schreibt er, es »unterscheidet sich durch weiter nichts vom Syllogismus als dadurch, dass der Syllogismus zum ersten mehrere Erscheinungsformen besitzt und zweitens Wahres durch Wahres erschließt, während die Verwendung des Epicheirem häufiger bei nur Glaubhaftem sich findet«. Das Enthymem ist ein Beweis, der eine Tatsache zum Erweis einer anderen in Anspruch nimmt. Dabei wird es oft als unvollständiger Schluss bezeichnet, weil seine Voraussetzung in Gedanken ergänzt werden muss. Als dritte Form des Schlusses nennt er den nicht aus der Rhetorik an sich, sondern aus der Philosophie stammenden Syllogismus, den Quintilian selbst als Vorbild der beiden anderen bezeichnet.

In seinen Ausführungen über die Beweislehre warnt Quintilian jedoch vor einem übermäßigen Gebrauch von Syllogismen; sie machten aus einer Rede ein »Exerzierfeld trockener Argumentationsfolgen«, wie Knape es nennt. Diese Art der Beweisführung sei in der öffentlichen Rede zu kompliziert und dabei gleichzeitig in ihrer Form zu transparent. Es ist die Kraft des Redners und seine Fähigkeit, die Zuhörer mitzureißen, die letztlich der Beweisführung dient und nicht die »trockene« Form eines regelhaft vorgetragenen Beweises. »Wir müssen unsere Reden nach dem Urteil anderer einrichten«, schreibt er, »ja wir müssen dabei öfters vor ganz Ungebildeten und jedenfalls mit dieser Art von Wissenschaft Unbekannten reden. Wenn wir solche Menschen nicht mit Unterhaltsamem (*delectatio*) anlocken, mit Macht mitreißen und zuweilen mit Gefühlswirkungen in Verwirrung versetzen, können wir auch das, was gerecht und wahr ist, nicht festhalten.« Er setzt sich also ebenso wie Cicero für den »schwachen« Zuhörer ein und verweist auf dessen Affekte, die zum Erfolg der Rede führen werden. Beweise sollen deutlich gemacht und durchsichtig vorgetragen werden, aber starres Festhalten an starren Regeln wirke auf den Hörer pedantisch und führe schon deshalb nicht zum Erfolg. Er verfährt also hier ebenso wie bei der Grammatik, der Inhalt und der Zweck wird über die bloße Form gestellt, denn auch das »Vergnügen des Zuhörers trägt viel zur Glaubwürdigkeit der Sache bei«.

Tropen und Figuren

Bei seiner Beschäftigung mit den Schmuckformen der Rede verzichtet Quintilian auf eine dezidierte theoretische Herleitung der einzelnen Stilmittel, etwa der Tropen: »Ein Tropus ist die kunstvolle Vertauschung der eigentlichen Bedeutung eines Wortes oder Textbestandteils mit einer anderen.« Wie im gesamten Werk widmet sich Quintilian vornehmlich ihrem Zustandekommen und konzentriert sich darauf darzulegen, was bei ihrer Anwendung geschieht. Wiederum lässt er ausdrücklich »Fehler« in der grammatisch vorgeschriebenen Form zu, wenn sie auf sprachlicher Kreativität beruhen und dem rhetorischen Erfolg dienen.

Abschließend widmet er sich der *compositio*, der Satzbau- und Wortbildungslehre. Quintilian schließt sich Ciceros Forderungen in Bezug auf den Rhythmus der Sprache an: »Wir wollen uns mit dem Versuch zufriedengeben, bei der schriftlichen Ausarbeitung aus den Worten, die sich uns in loser Ordnung anbieten, ein Gefüge zu machen«.

Sein Hauptaugenmerk lenkt Quintilian auf die rhythmische Seite und, wie schon zuvor, weniger auf das grammatische Verhältnis. Bei der Anordnung der einzelnen Glieder ist ihm das natürliche Verhältnis der Reihenfolge wichtig (*ordo naturalis*). So kommt Tag vor Nacht, Aufgang vor Untergang etc., und wenn es dem rhetorischen Ziel der Rede diene, sei auf eine *ordo artificialis*, eine künstliche Abfolge der einzelnen sprachlichen Elemente zurückzugreifen. In jedem Fall aber müssten die Sätze metrisch aufgebaut sein, und ebenso wie Cicero schenkt er dem rhythmischen Satzschluss besondere Beachtung.

Hier sei auf eine Rede von Oscar Wilde verwiesen (s. S. 173), der sich die gesteigerte Aufmerksamkeit der Zuhörer zu sichern wusste, indem er zum Beispiel die normalerweise ansteigende Satzmelodie bei einer Frage abfallen und umgekehrt die fallende einer Aussage ansteigen ließ.

Die Gedächtnislehre

Ausführlich setzt sich Quintilian mit der Gedächtnislehre auseinander. Ebenso wie bei der »Rhetorik an Herennius« besitzt die Erinnerungstechnik drei

---

Die Inhaltsorte der Erinnerung
Die auch von Cicero verwendete Theorie der Orte, an denen die Erinnerung gespeichert sei, hat ihren Ursprung in einer Anekdote: Kastor und Pollux ließen den Dichter Simonides aus einem Saal rufen. Der Saal stürzte ein, und der Dichter konnte die Toten aus dem Gedächtnis, nur gestützt auf die Sitzordnung, benennen. Daher die Orte des Gedächtnisses, wo die einzelnen zu erinnernden Teile gespeichert sind.

Aspekte: Ursache des menschlichen Erinnerungsvermögens, Entfaltungsbedingungen der Erinnerung und Technik des Erinnerns.

Zum ersten Punkt vermerkt Quintilian, dass die Natur den größten Anteil an der individuellen Gedächtnisleistung habe. Er geht also von einer angeborenen Fähigkeit aus, der er die größte Bedeutung beimisst. Allerdings ließe sich diese biologische Anlage durch entsprechende Einübung des zu Erinnernden noch steigern.

Die Entfaltungsbedingungen der Erinnerung untersucht Quintilian ebenfalls durch weitere Unterteilung und zwar in die Bereiche Training, Physiologie und Diätetik sowie technische Sorgfalt. Das Gedächtnis sei ein Muskel, der ebenso wie alle anderen Muskeln des Körpers trainiert sein will, um perfekt zu funktionieren. Weiterhin und bezogen auf den zweiten Gesichtspunkt schreibt er: »Auswendiglernen und schriftlich Ausarbeiten gemeinsam ist die Forderung, dass für beides guter Gesundheitszustand, geregelte Verdauung und ein von anderen Gedanken freier Kopf äußerst wichtig sind.«

Die Erinnerung ist an verschiedenen Orten gespeichert. Es handelt sich dabei nicht um Orte im Gehirn, wie man annehmen könnte, sondern um vorgestellte Orte, einen Raum zum Beispiel, in dem man die einzelnen Teile der Erinnerung platziert.

Bezüglich der Technik des Erinnerns geht Quintilian im Gegensatz zu »Herennius« und Cicero, die die Inhaltsorte in den Vordergrund ihrer Betrachtungen rücken, einen eigenen Weg. Seiner Meinung nach eignet sich die Anwendung der für ihn komplizierten Technik der Orte nicht, wenn es um eine längere Rede geht. Quintilian schlägt vor, die Rede in Textsegmente von »angemessener« Länge zu zerteilen, innerhalb derer er in Form von Abschnitten oder Merkzeichen Grenzpunkte (*termini*) als Erinnerungsstützen setzt. Als physische Objekte sind Quintilians *termini* aber auch die Wachstafeln, auf die der Text geschrieben

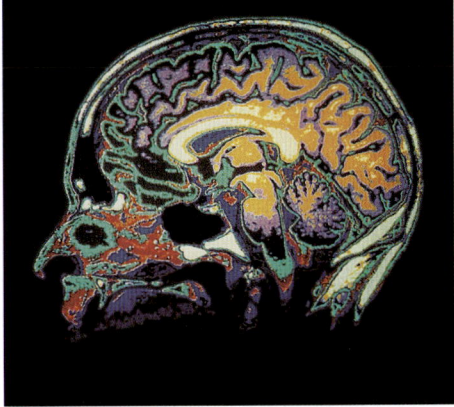

wurde. Vor allem jedoch wird das zu erinnernde Material durch ständige Wiederholung eingeprägt, denn gerade durch das eigene Vorsprechen des Textes prägen sich im Geist Spuren (*vestigia*) ein, »wie sich im Wachs Abdrücke der Siegelringe erhalten«.

Körpersprache

»Der Körper ist ein Orchester mit vielen Instrumenten, die einzeln zu würdigen sind«, schreibt Joachim Knape über Quintilians Betrachtungen zur Körpersprache des Redners. Quintilian entwickelt eine eigene »Grammatik« der körpersprachlichen Wendungen, die sich auf jedes einzelne Körperteil bezieht. Ausführlich widmet er sich den Bewegungen der Finger und Hände. Die Übereinstimmung von Gestik, Mimik und Gesagtem liegt ihm besonders am Herzen, und er legt fest, wie diese im Zusammenspiel mit Intonation und »Zubehör«, also Kleidung und Objekten, die beispielsweise in der Hand gehalten werden, zu koordinieren sind. Wie schon bei der Erinnerungstechnik legt er großes Gewicht auf die körperliche Beschaffenheit des Redners, der gesund sein und sich gesund ernähren soll. Besonders geht es ihm dabei um die Stimmpflege,

Essen im alten Rom, hier eine rekonstruierte Speisenfolge in der Herberge im Archäologischen Park in Xanten am Niederrhein.

denn »damit unsere Stimme nicht zur Dürftigkeit der Stimme von Eunuchen, Frauen und Kranken verkümmere«, schlägt er »Spaziergänge, Salben, Enthaltung vom Geschlechtsverkehr und den Genuss leicht verdaulicher Speisen, also eine einfache Lebensführung« vor. Ausdrücklich weist er darauf hin, dass man keine Rede mit verdorbenem oder übervollem Magen, betrunken oder kurz nach dem Erbrechen vortragen sollte. *Mens sana in corpore sano* – ein gesunder Geist in einem gesunden Körper: in Quintilians Rhetorik kommt diese Sentenz aus den »Satiren« des Iuvenalis höchst anschaulich zum Tragen.

Vom Nutzen der Rhetorik

Ausgiebig beschäftigt sich Quintilian mit der Frage, wem die Rhetorik nütze. Da, wie zuvor erläutert, die Rede zur Überredung eingesetzt werden kann, nütze sie nicht immer dem Guten und Tugendhaften; sie könne sowohl Verbrecher ihrer gerechten Strafe entreißen als auch Gerechte hinter Gitter bringen. Sie sei in der Lage, Aufstände im Volk zu verursachen und führe unter Umständen geradewegs in den Krieg. Die Kritik benutze die Rhetorik allerdings, um sie selbst zu verteufeln; die Kraft der Rede diene so ihrer eigenen Anklage; der Teufel werde mit dem Beelzebub ausgetrieben. Der Nutzen der Rhetorik, so sagen die Kritiker, sei aber gerade dann am größten, wenn ihre Kraft »für die Lüge gegen die Wahrheit zur Geltung kommt«. Dagegen lenkt Quintilian ein, dass jede Sache zwei Seiten habe und alles und jedes sowohl zum Guten wie zum Bösen eingesetzt werden könne. Wer so argumentiere, müsse auch die Nahrung ablehnen, denn oft habe sie eine Krankheit verursacht; ein solcherart beweisführender Kritiker dürfe auch seinen Fuß nicht mehr unter ein Dach setzen, denn auch die seien schon eingestürzt.

Zusammenfassend schreibt Quintilian: »Die Frage nach dem Nutzen könnte bei denen etwas bedeuten, die den Inbegriff der Rhetorik in der Kunst der Überredung gesehen haben. Wenn aber die Wissenschaft, gut zu reden, ist, was wir als Ziel betrachten, so dass der Redner vor allem ein guter Mensch ist, so wird man gewiss auch zugeben müssen, sie sei nützlich.«

Rhetorik als Kunst

Die Gabe der Rede ist ein angeborenes Talent und somit keine Kunst. Das jedenfalls behaupten die Kritiker der Rhetorik. Aber, so Quintilian, könne nicht auch ein angeborenes Talent, von dem, dem es vergönnt sei, ausgebaut und weiterentwickelt werden, wie jede andere Kunst? Man dürfe also nicht von der Kunst der Rhetorik, sondern müsse vielmehr von der Rhetorik *als* einer Kunst sprechen. Weiterhin erklärten seine Kritiker, alle

Wahrheit und Lüge
Im Zusammenhang mit den Affekten schreibt Quintilian über Lüge und Wahrheit, über die „Schleichwege zum Herzen", bedürfe es doch der Täuschung, wenn das Ziel, die Wahrheit, anders nicht erreicht werden kann: „Denn auch sich einer Lüge zu bedienen, ist selbst dem Weisen zuweilen gestattet, die Leidenschaften wird der Redner notwendigerweise erregen müssen, wenn der Richter auf andere Weise nicht zur Billigkeit gebracht werden kann, denn es sind ja unerfahrene Schöffen, die zu Gericht sitzen, und häufig muss man sie deshalb täuschen, damit sie nicht irrtümlich richten. […] Wenn aber die Zuhörer so schwankenden Sinnes sind und auch die Wahrheit so vieler Bosheit ausgesetzt ist – so heißt es, mit Kunstgriffen zu kämpfen und einzusetzen, was nützen kann. Denn wer vom geraden Weg abgedrängt worden ist, kann nur durch eine andere Biegung auf ihn zurückgeführt werden."

Künste hätten ein festes Ziel, die Rhetorik aber nicht oder sie erreiche das selbst gesteckte Ziel nicht.

Dagegen ist Quintilian davon überzeugt, dass ein guter Redner stets sein Ziel erreiche, es sei denn, man rücke den immer wieder zitierten Nutzen der Rhetorik als einer *Überredungs*kunst ins Zentrum der Betrachtung; dann könne es natürlich sein, dass ein Ziel verfehlt werde. »Unser Redner aber und seine Kunst, wie wir sie definiert haben, ist nicht vom Erfolg abhängig: zwar strebt nach dem Sieg, wer redet, doch wenn er gut geredet hat, hat er, auch wenn ihm der Sieg nicht vergönnt ist, geleistet, was die Kunst ausmacht«. Die Kunst aber beruhe auf Betätigung, nicht auf Erfolg.

Die Doppelnatur der Rhetorik

Quintilian greift jeden der Kritikpunkte einzeln auf und geht schließlich auf die angebliche Doppelköpfigkeit der Rhetorik ein, ihre, so der Vorwurf, innere Widersprüchlichkeit. Sie werde, so die Kritiker, für beide Seiten eines Falls eingesetzt, für die positive wie für die negative, und sei darum verwerflich, denn keine Kunst dürfe im Widerspruch zu sich selbst stehen. Ergo: sie ist keine Kunst, denn keine Kunst vernichtet ihre eigenen Leistungen, die Rhetorik jedoch zerstört, was sie schafft. Dagegen wendet Quintilian ein, dass, wer solches schreibe, selber ein schlechter Mensch sei, denn wo solche Werte existieren, kann es keine Rhetorik geben. Das Ziel der Rede sei immer gut, schreibt er. Die Sache, argumentiert Quintilian, bringe es aber gerade mit sich, dass gerechte Streitfälle gerechte Männer in Widerstreit miteinander führen können. In einem solchen Fall werden also tatsächlich für beide Seiten Beweise und schlagkräftige Argumente gesucht. All das aber bedeutet nur eins, dass eine *Sache* gegen eine *Sache* stehe, niemals aber die Rhetorik als Disziplin gegen sich selbst. Dabei sei die Rhetorik an sich wertfrei und liefere keine Vorschriften, was gesagt werden dürfe und was nicht, sie gebe lediglich Anweisungen dafür, was im einzelnen *Fall* gesagt werden soll. In den meisten Fällen, schreibt Quintilian, dürfe man bei

In seinem „Dialog über den Redner" schreibt Tacitus über den **Redeschmuck** und den Verfall der Rhetorik: „Denn das ist für den Redner, ja – beim Herkules – nicht einmal für einen Mann passender Schmuck, den sehr viele Redner unserer Zeit in einem Maße anwenden, dass sie durch die Leichtfertigkeit der Worte, die Oberflächlichkeit ihrer Sätze und die Zügellosigkeit im Satzbau Schauspielertöne verlauten lassen."

der Wahrheit bleiben, das »allgemeine Interesse« verlange jedoch manchmal, auch »das Erlogene zu verteidigen«. In jedem Fall aber sei der Wahrheit der Vorzug vor der Lüge zu geben. »Ehrlichkeit ist immer beredt«, ist sein Wahlspruch. »Zwei Gesichtspunkte soll der Redner bei jeder seiner Handlungen berücksichtigen: was sich schickt und was sich bewährt.« Eine geschliffene und ausgefeilte Rede böte stets Anlass zu Misstrauen, denn stilistische Feinheit lasse auf dunkle und unmoralische Absichten schließen.

Das Ende der antiken Redekunst

Mit Quintilian geht die antike Rhetorik zu Ende. Die Disziplin bildet sich in der Folgezeit und besonders unter dem Einfluss Augustinus' dazu heraus, nicht Selbstzweck zu sein, sondern für eine bestimmte Sache und Ansicht eingesetzt zu werden. Augustinus und seine Vorstellung von der Rhetorik als Mittel oder Kunst zu einem bestimmten Zweck gehören nicht mehr in die Antike. Dabei greift der Kirchenlehrer auf die Formeln der antiken Rhetorik zurück und passt sie seinen »neuzeitlichen«, das heißt zweckgebundenen Ansichten an.

An dieser Weiterentwicklung der Rhetorik zeigt sich indes nochmals ihr Dilemma: Ist sie Mittel oder Zweck? Ist sie Kunst oder Technik? In jedem Fall, so hat es jedenfalls Quintilian gesehen, ist sie keine Wissenschaft.

Als Austragungsort von lebhaften politischen Debatten wurde das Forum Romanum unter den Kaisern zur Kulisse der Selbstdarstellung der neuen Herrscher.

Nach antiker Tradition waren die **Artes liberales** Kenntnisse und Künste, die eines „freien Mannes würdig waren". Sie galten als Vorstufe der Philosophie: Grammatik, Rhetorik, Dialektik (das sprachlich formale *Trivium*), Arithmetik, Geometrie, Musik, Astronomie (das mathematische *Quadrivium*) – also eine Zweiteilung in philologische und mathematische Disziplinen. Die Grammatik allerdings steht immer an erster Stelle, da sie als Grundvoraussetzung aller Fächer betrachtet wird.

Sprachrohr übermenschlicher Kraft

»Als ich zu euch kam, Brüder, kam ich nicht, um glänzende Reden zu halten oder gelehrte Weisheiten vorzutragen, sondern um euch das Zeugnis Gottes zu verkünden. Meine Botschaft war nicht Überredung durch gewandte und kluge Worte, sondern war mit dem Erweis von Geist und Kraft verbunden, damit sich euer Glaube nicht auf Menschenweisheit stütze, sondern auf die Kraft Gottes«, schreibt Paulus in seinen Briefen an die Korinther (1 Kor 2, 1–4). Paulus macht deutlich, dass es nicht länger um das Wie der Rede geht, sondern ausschließlich um das Was; die verkündete Lehre speist sich aus göttlicher Weisheit, und der Mensch, der Missionar oder Priester ist nichts weiter als Sprachrohr dieser übermenschlichen Kraft.

Einer der bedeutendsten Kirchenlehrer des christlichen Altertums, der ehemalige Rhetoriklehrer Aurelius Augustinus (354–430), greift diesen Gedanken auf und schreibt um 400 in seinen »Bekenntnissen« über die Rhetorik, er habe in seinen Bestrebungen auf diesem Gebiet nur zu glänzen versucht und sich menschlicher Eitelkeit gewidmet, indem er die »siegreiche Geschwätzigkeit«, wie er sie nannte, gelehrt habe. Gott habe ihm indes gezeigt, dass Wahrheit und Schmuck nichts miteinander gemein hätten.

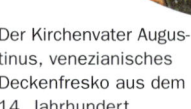

Der Kirchenvater Augustinus, venezianisches Deckenfresko aus dem 14. Jahrhundert

Andererseits erkannte Augustinus in seiner Auseinandersetzung mit der Vermittlung des Glaubens die Bedeutung der Rhetorik für die Predigt und für die Beschäftigung mit der Bibel. In seinem Buch »Über die christliche Lehre« wird die Rhetorik schließlich in zweifacher Weise zu einem Werkzeug, für die Auslegung und für die Verkündigung der Heiligen Schrift: »Da also die Gabe der Rede an sich etwas Neutrales ist und zur Überredung sowohl zu guten als auch zu schlechten Dingen viel vermag, warum soll sie dann von dem Eifer der Guten nicht zu dem Zweck erworben werden, um der Wahrheit Dienste zu leisten«.

Rhetorica sacra

Aus der Sicht antiker Bildung wird die christliche Überlieferung der Bibel mit Geringschätzung betrachtet, denn die Sittlichkeit des Bürgers und das staatsbürgerliche Ideal im Sinne des *vir bonus* ist etwas gänzlich anderes als der christliche Glaube

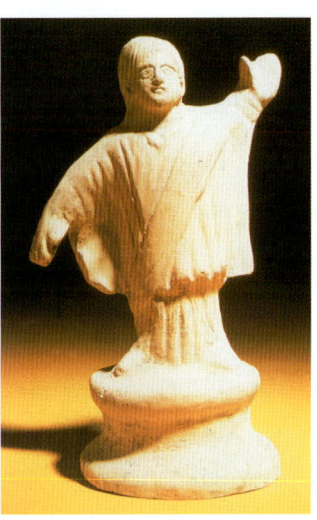

einer Erwartung des Jüngsten Gerichts. Ersteres wird in der Gegenwart gelebt, Letzteres in der Zukunft erwartet. Augustinus erkannte dieses Problem, und er erkannte auch, dass die Mittel der Rhetorik in perfekter Weise in den Dienst der Verkündigung zu stellen sind. Zweck der Rede sei es, »die Gegner zu gewinnen, die Schlaffen aufzurütteln und den Unwissenden einzuschärfen, worum es sich handelt und was sie erwarten sollen.« Zur Verkündigung bedürfe es der Rhetorik,

Terrakotta-Statue eines predigenden Priesters, 1. Jahrhundert n. Chr. Die vierte Redegattung, die Predigt, war entstanden.

denn Weisheit ohne Beredsamkeit nütze einer Gemeinde wenig; andererseits – und dies in Anklage der zur reinen Form verkommenen Rhetorik seiner Tage – richte Beredsamkeit ohne Weisheit großen Schaden an. Die Verbindung jedoch, die Beredsamkeit gepaart mit Weisheit ergebe, sei für die Christianisierung der heidnischen (römischen) Welt das anzustrebende Ziel. Diese Bestrebung der Rhetorik nennt er *rhetorica sacra*. In ihr ist der christliche Lehrer Unterweiser der christlichen Weisheit und Mahner im christlichen Glauben. Um seiner Aufgabe Herr werden zu können, bedürfe es zweier Schritte: Neben einer intensiven Unterweisung in rhetorischer Gewandtheit müsse die Rhetorik als Disziplin und Mittel gegen die Anfeindungen aus den eigenen Reihen verteidigt werden, wo sie als heidnische Disziplin gebrandmarkt wurde.

Mit den heidnischen Wissenschaften verhalte es sich aber wie mit dem Gold, dem Silber und den Kleidern der Ägypter, die habe das Volk Israel ebenfalls nicht verschmäht.

„Die Berufung des Hl. Augustinus" (Ausschnitt), Fresko von Guariento aus dem 14. Jahrhundert. Augustinus übergibt Christus seine „Confessiones". Das Wort *confessio* hat eine doppelte Bedeutung: zum einen heißt es Bekenntnis im Sinne der Darlegung von Tatsachen, gab es doch im frühen Christentum das öffentliche Bekenntnis der Sünden (aus dem später die Beichte wurde) und des Glaubens; zum anderen bezeichnet es den Lobpreis Gottes.

Die christliche Beredsamkeit soll zum richtigen Gebrauch eingesetzt werden, denn sie enthalte, so schreibt er in »De doctrina christiana«, einige sehr nützliche Lehren, und selbst über die Verehrung Gottes könne man bei ihr viel Wahres finden.

Rhetorik im Dienst der Heiligen Schrift

Bei Augustinus erwies sich die Rhetorik bald als ideales Instrument sowohl für die Widerlegung von Abweichlern vom rechten Weg des Glaubens aus den eigenen Reihen als auch zur Missionierung Andersgläubiger. Nachdem das Christentum 381 von Kaiser Theodosius I. zur Staatsreligion erklärt worden war, ging es um dessen schnelle Verbreitung, und dazu waren alle Mittel recht. Schon der Apostel Paulus war ein Wegbereiter dieses in vielen Fällen aggressiven Vorgehens. Seine Briefe an die Korinther enthalten diesbezüglich wichtige Anweisungen für gezielte Vorgehensweisen, wobei die christliche Missionierung auf die so genannten Heiden, die Ungetauften, äußerst befremdlich gewirkt haben muss. In deren Vorstellungswelt muss es barbarisch gewesen sein, einen verehrungswürdigen Gott ans Kreuz zu schlagen und ihn anschließend anzubeten. Gleichzeitig bemühte sich das Christentum um völlige Distanz zur heidnischen Vergangenheit; alles, was an den römischen oder griechischen Götterhimmel erinnerte, wurde ausgemerzt. Es mag allerdings sein, dass die Bluttat an Jesus von Nazareth gleichsam eine Art von Konzession an die minder gebildete heidnische Welt darstellte.

Abb. S. 70 oben:
Die ersten Bilder der kirchlichen Hierarchie erinnern – wie ja auch die Struktur der Machtverteilung innerhalb der Kirche –, an spätantike Darstellungen der weltlichen Macht. Oben steht der Bischof als Lehrer, daneben sitzend der Diakon und stehend der Priester. In der unteren Reihe findet sich der niedere Klerus. Miniatur aus dem Ragnaldus-Sakrament, 9. Jahrhundert

Die Basilika San Paolo fuori le mura in Rom wurde im 4. Jahrhundert von Kaiser Theodosius am Sterbeplatz des Apostels Paulus errichtet. Nach einem Brand im 16. Jahrhundert wurde sie 1823 originalgetreu wieder aufgebaut. Radierung von Giovanni Battista Piranesi

Die 4. Redegattung – die Predigt

Mit dem Christentum ist eine vierte Redegattung entstanden: die geistliche Rede oder Predigt, *genus praedicandi*. Walter Jens schreibt zu dieser neuen Gattung: »Als *ars praedicandi* überträgt Rh(etorik) die Lehren antiker Beredsamkeit, vor allem Anweisungen, die Stoff und Stil und deren Kongruenz betreffen, auf die christliche Predigt, analysiert Fragen der Publikums-Psychologie (Predigt-Formulare für jeden Stand, jedes Alter, jeden Beruf, vom Papst bis zur Dirne!), des Spannung-Erregens, des Wechsels der Töne und der Affektation, behandelt Probleme des Stils – im sakralen Raum ist Mäßigung geboten: Gebeine eines Heiligen wollen nicht kunstreich geschmückt werden –, zeigt Praktiken auf, wie die Materie zu längen und zu kürzen sei, kurz, sie gibt dem *concionator Christianis* den Rang eines *orator* und der Predigt die Bedeutung eines Plädoyers.«

Erste Textrhetorik

Die Rhetorik des Augustinus bezieht sich auf die Interpretation eines konkreten Textes und ist damit die erste Textrhetorik der Geschichte. Es geht ihr nicht um die Ermittlung der Wahrheit, sondern um die Vermittlung der a priori gültigen Wahrheit. Diese Wahrheit ist für Augustinus immer die Wahrheit des Bibelworts, deren Erkenntnis letztlich aus der existenziellen Begegnung mit Gott resultiert.

Vergil in einer Darstellung des spätantiken „Codex Romanus", Rom, Biblioteca Vaticana

Augustinus wurde in seiner Ausbildung besonders von der Rhetorik Ciceros beeinflusst, aber auch seine Beschäftigung mit den römischen Dichtern Salust und Vergil ist in seinem Stil deutlich spürbar. Darüber hinaus war er sehr schriftkundig, immer wieder verwendet er in seinen Texten Zitate aus der Bibel oder speziell dort verwendete Wörter bzw. Wendungen. Sein Stil zeichnet sich oft durch einen hohen Abstraktionsgrad und die Verwendung einer philosophisch geprägten Fachsprache aus. Anders als in seinen theoretischen Texten benutzt er in seinen Predigten eine volksnahe Sprache ohne Abstraktionen, um so der Funktion der Missionierung angemessener zu entsprechen.

Sein Text »Über die christliche Lehre«, von 397, ist eigentlich nichts anderes als eine Anleitung, wie das Wort Gottes zu vermitteln sei. Dabei sind sowohl Didaktik als auch Rhetorik eigentlich heidnische Disziplinen. Aufgrund der rhetorischen Einsicht jedoch, dass bildhaftes Sprechen (durch die Verwendung von Allegorien, Metaphern oder Metonymien) auf einen tieferen oder anderen Sinn hinweist, der dann christlich zum höheren Sinn wurde, wie Gert Ueding erläutert, ist der Text zu einem rätselhaften Geflecht geworden, das es zu entschlüsseln galt. Dessen Aussage erschließe sich dem Studenten jedoch erst durch das intensive Studium der Rhetorik des Textes. Augustinus legt dar, wie man sich der Disziplin bedienen muss, um Licht in das Dunkel der biblischen Gleichnisse zu bringen. Mit Hilfe bestimmter Regeln enthüllt der Lernende und Gläubige so die Wahrheit der Schrift, denn die Regeln sind die Garanten der korrekten Vermittlung, ohne sie würde die ewige Wahrheit den Menschen verborgen bleiben.

Augustinus verfügte über großes Wissen in Bezug auf die Bibelbedeutung von Namen, Tieren, Steinen, Pflanzen und Zahlen. Die allegorische Schriftdeutung stellt für ihn nichts anderes dar als eine umgekehrte Rhetorik der Figuren. Ein Beispiel ist die **Bedeutung der Schlange**. Er schreibt:

„Es ist eine bekannte Tatsache, dass die Schlange jemandem, der nach ihr schlägt, gleich ihren ganzen Leib und nicht bloß ihr Haupt entgegen wirft: Was ist doch das für ein anschauliches Bild für das, was uns der Herr befiehlt, wenn er sagt, wir sollten klug sein wie die Schlangen? Auch wir sollen nämlich für unser Haupt, d.h. für Christus, den Verfolgern lieber den Leib anbieten, damit nicht der christliche Glaube (als das Haupt) in uns ertötet werde, wenn wir aus Schonung für den Leib Gott verleugnen. Man sagt auch, die Schlange zwinge sich in enge Höhlenritzen ein und streife so ihr altes Kleid ab und gewinne dadurch wieder neue Kraft: wie stimmt dies nicht zur Nachahmung dieser Schlangenklugheit, nämlich zum Ausziehen des alten und zum Anziehen des neuen Menschen, wie der Apostel sagt, und zwar zum Ausziehen vermittels der Enge (der Trübsal); sagt ja doch der Herr: ‚Geht ein durch die enge Pforte!'"

Darstellung eines unbekannten Herrschers des 5.–7. Jahrhunderts. In der Art römischer Kaiserstatuen wurde hier ein Bronzebildnis gestaltet, das in der Hand ein Kreuz trägt. Weltliche Herrschaftsgesten wurden kirchlich vereinnahmt. Warum sollte nicht auch Gedankengut wie die Rhetorik, statt sie als heidnische Disziplin abzutun und zu verbieten, für die Kirche nutzbar gemacht und eingesetzt werden?

Der allegorische Schriftsinn

Gegen Ende des 4. Jahrhunderts verbot das kirchliche Dogma ausdrücklich die Lektüre heidnischer Texte. Dem stellte sich Augustinus entgegen, denn die Rhetorik sollte von diesem Dogma entbunden werden, um sie zur Vermittlung der christlichen Lehre wirksam einsetzen zu können. Er argumentierte, Gott selbst habe sein Wort unter rhetorischen Gesichtspunkten verfassen lassen, und die Gleichnisse, die oftmals sehr schwer zu entschlüsseln seien, bedürften der Erklärung. »Es zweifelt niemand daran«, schreibt er, »dass der Mensch die Wahrheit viel lieber durch Vermittlung von Gleichnissen erforscht und an ihrem Auffinden viel mehr Freude hat, wenn es mit einigen Schwierigkeiten verbunden ist.«

Es stellt sich aus heutiger Sicht die Frage, ob die Gleichnisse der Bibel zur Zeit ihrer Entstehung wirklich »dunkel« oder ob sie eigentlich klar lesbar waren und erst im Verlauf der Zeit »undeutlich« wurden. Möglicherweise entstammten sie einer Bilderwelt, die einst geographisch, kulturell und historisch eindeutig war, die aber schon zu Zeiten Augustinus' zu verschwimmen begann. Bis ins 17. Jahrhundert hinein war die Auslegung des allegorischen Schriftsinns das Hauptanliegen der Theologie. Die Bibel wurde also ständiger Interpretation und Re-Interpretation unterzogen, ausgehend von der Annahme, dass alle Dinge in der Welt neben dem eigentlichen auch einen übertragenen Sinn besitzen. Man denke dabei an die Gestaltung von sprachlichen Bildern, wie sie die antike Rhetorik oftmals nahelegte, denn in Bildern denkt und erinnert es sich leichter.

Redeschmuck

Klarheit und Wahrheit – das sind die Ziele. Die Verfasser der Heiligen Schrift waren von dieser Forderung zum Teil ausgenommen, ihnen wurde ein uneindeutiger Stil zugebilligt, diente er doch dazu, die Heiden von der Lehre des Gotteswortes, von der Kenntnis der Geheimnisse des Glaubens auszuschließen – eine mögliche Erklärung für das Vorhandensein der vielen Gleichnisse.

Augustinus zielt auf das Gegenteil: nur durch Klarheit als dem höchsten Ziel christlicher Beredsamkeit ließen sich neue Seelen für die Kirche gewinnen. In Übereinstimmung mit Cicero fordert er, der Verkünder des christlichen Glaubens, der Priester, müsse mit Wortfülle und Redeschmuck in der Kunst der Rede unterwiesen werden. Klarheit brauche nicht ohne Anmut (*suavitas*) zu sein, dürfe also nicht auf eine der bedeutendsten rhetorischen Tugenden verzichten, den Redeschmuck. Geht es auch primär um die Wahrheit, so hat doch auch die Schönheit ein Recht darauf, zu Wort zu kommen. Allerdings warnt er vor dem Missbrauch, denn die anmutige Rede sei pervertierbar: »O Bered-

Augustinus wird oft mit einem kleinen Kind dargestellt. Das beruht auf folgender Legende: Der Kirchenlehrer geht am Strand spazieren, um über ein Buch nachzudenken, das sich mit der Dreifaltigkeit Gottes (Trinität) beschäftigen soll. Ein kleiner Junge schöpft mit einem Schneckenhaus Wasser in eine Mulde im Sand. Befragt, was er dort tue, antwortet er, dass er das Meer leer schöpfen möchte. Als Augustinus ihm sagt, sein Vorhaben sei unmöglich zu verwirklichen, antwortet das Kind, dass dies eher gelingen werde, als auch nur den geringsten Teil des Geheimnisses der Trinität zu ergründen.

„Die Vision des Hl. Augustinuns“, Gemälde von Vittore Carpaccio (1450–1522)

samkeit! Je feiner, um so schrecklicher und je gediegener, um so heftiger die Axt, die wahrhaft Felsen spaltet. [...] Und mögen unsere Worte auch weniger verstanden werden und mögen sie weniger gefallen und weniger rühren, so soll doch nur Wahres gesprochen und Gerechtes, nicht Ruchloses gerne gehört werden. Letzteres würde gewiss nicht geschehen, wenn es nicht auf anmutige Weise vorgebracht würde.«

Die Aufgabe des Redners

Ganz im Sinne Ciceros verknüpft Augustinus die Stilfrage mit den drei Aufgaben des Redners: Belehrung (*docere*), Ergötzung oder Stimulierung der Affekte der Hörer (*delectare, conciliare*), Erregung der Leidenschaften (*movere*). Dabei spielen für ihn die Tropen und Figuren eine nebensächliche Rolle, sie werden lediglich im Zusammenhang mit den stilistischen Qualitäten der kirchlichen Autoren erwähnt. Wie Cicero ist ihm das *movere*, die Rührung, die entscheidende Voraussetzung für den Erfolg einer Rede: »Wenn also der kirchliche Redner eine Pflicht einschärft, dann muss er nicht bloß lehren, um zu unterrichten und darf nicht

Eine Szene aus der Schule Platons aus Pompeji. Augustinus war mit der platonischen Philosophie eng vertraut.

bloß ergötzen, um zu fesseln, sondern er muss auch rühren, um zu siegen.«

Wiederum schließt er sich Cicero an, wenn er die Präsentation des bescheidenen Stoffs im niedrigen, des normalen im gemäßigten, des bedeutenden im erhabenen Stil fordert. Da sich damit ein Konflikt mit dem Allmachtsanspruch der das ewige Heil verkündenden christlichen Lehre auftut, lenkt er ein und schreibt, Ciceros Lehre habe fast ausschließlich für die Gerichtsrede gegolten, für die christliche Lehre aber sei im eigentlichen Sinne nichts niedrig oder mäßig, hier sei alles bedeutend.

Allerdings weist er erneut darauf hin, dass es gelte, das gesteckte Ziel nicht aus den Augen zu verlieren, und darum könne auch harmlose Anmut den Hörer gewinnen, auch ein einfacher Weg könne zum Ziel führen – vorausgesetzt, die Lebensführung des Redners ist untadelig. Mit seiner Lebensweise müsse der Redner seine Worte untermauern. Deren Wahrheit, und das ist letztlich immer die Wahrheit der Bibel, stehe über allen schönen Worten, und allein um diese biblische Wahrheit geht es Augustinus. Darum muss der Redner klar sprechen, und um dieses Zieles willen darf er auch gefallen.

Philosophie und Christentum in der Antike

Für den antiken Menschen war die Philosophie kein aus Theorien bestehendes Gedankengebäude, sondern war Lebenserkenntnis und richtige Lebensweise, also das, was allgemein unter Ethik verstanden wird. Somit war es den Apologeten, den ersten Kirchenvätern, möglich, das Christentum als »wahre Philosophie« zu verkünden, denn es ging um Lebensführung im engeren Sinne.

Die großen Kirchenväter der ersten Stunde hatten römische Bildung genossen und waren von ihr geprägt: Sie gehörten zu einer Elite, die nach dem Grammatikunterricht auch eine mehrjährige Unterweisung in Rhetorik genossen hatten (s.S. 70, Artes liberales); die meisten hatten die Ausbildungsvoraussetzung für

Im Auftrag des Papstes Damasus hatte **Hieronymus** (347– 420) um 385 mit einer Überarbeitung und Revision der lateinischen Bibelübersetzungen begonnen. In den Folgejahren und bereits als Asket in Bethlehem lebend, von wo aus er Klöster gründetet und leitete, übersetzte er das gesamte Alte Testament aus dem Hebräischen bzw. Aramäischen. Diese Übersetzung ins Lateinische erhielt den Namen „Vulgata", „die weit Verbreitete". In ihrer Substanz blieb sie bis heute gültig. Erst 1979 erschien eine Neuüberarbeitung, die so genannte Neo-Vulgata. Hieronymus gilt als der gelehrteste und belesenste der lateinischen Kirchenväter und im Mittelalter war er der Patron der Hochschulen und der Lehre.

jedes höhere Staatsamt und Augustinus selbst legte seine Professur als Rhetor erst nach seiner Bekehrung nieder – eine glückliche Fügung im Hinblick auf die rasche Verbreitung des christlichen Glaubens, standen so doch Männer mit vorzüglicher Bildung zur Verfügung, was, nachdem die Religion sich etabliert hatte, meist nicht mehr der Fall war. Gerade weil aber

„Hieronymus im Gehäuse", Gemälde von Antonello da Messina, um 1475, London, National Gallery. In der bildenden Kunst wurde Hieronymus meist als Mönch in der Klause dargestellt.

in den Folgejahren und -jahrhunderten die Kirche meist von relativ ungebildeten Männern vertreten wurde, war die Schaffung einer christlichen rhetorischen Tradition mit klaren Vorgaben für Gebete, Predigten, Beichten, kurz für alles, was mit sprachlichen Äußerungen zu tun hatte, im wahrsten Sinne des Wortes ein Segen.

Vom gesprochenen zum geschriebenen Wort

Augustinus gilt zu Recht als der wichtigste Kirchenlehrer der Spätantike. Er lenkte die christliche Tradition hin zur Schrift und weg von der Dominanz des gesprochenen Wortes allein. Ihm gelang es, Aspekte der heidnischen Kultur und insbesondere die Rhetorik in die neue Sicht der Welt zu übernehmen und in ihr zu verankern. Der Bibelübersetzer Hieronymus, ein Freund von Augustinus, prägte das Bild von der gefangenen Frau, womit er die heidnische Kultur einschließlich der Rhetorik meinte: zum Zwecke der Verbindung der heidnischen und der christlichen Welt dürfe man diese Frau heiraten.

Augustinus' größtes Verdienst in Bezug auf die Rhetorik liegt darin, die Redekunst in die Neuzeit gerettet und sie dabei gleichzeitig transformiert zu haben. Ihr Schwerpunkt verlagerte sich hin zum geschriebenen Wort und weg vom nur gesprochenen, was folgerichtig erscheint, denn sie entstammte einer vorwiegend mündlichen Kultur und wandelte sich mit der sie umgebenden Welt.

Der 141 n. Chr. erbaute Tempel des Antonius und der Faustina wurde, wie viele andere Tempel auch, im 12. Jahrhundert in eine Kirche umgewandelt. Im Jahre 1536 wurden die antiken Säulen freigelegt, 1602 erhielt die Kirche eine barocke Fassade. Der heidnische Tempel wurde umfunktioniert und in die neue christliche Kultur integriert.

Frau Minne auf einer Spiegelkapsel aus dem 13. Jahrhundert. Dieses Relief verdeutlicht die alles durchdringende Kraft der Minne.

Rhetorik nach dem Mittelalter

Nach dem Mittelalter, das oft zu Unrecht mit dem Adjektiv »finster« belegt wird, gewann die Rhetorik mit Renaissance und Humanismus erneut an Geltung, und zwar weit über den Bereich der Bibeldeutung und -verbreitung hinaus. Da die geistesgeschichtliche Entwicklung des Mittelalters zum großen Teil geprägt war von den Interessen der Kirche, wurde alles, was nicht in deren Bereich fiel oder diesen zu gefährden drohte, als weitgehend bedeutungslos abgetan. Etwa zwischen 1350 und 1700 jedoch ging die Rhetorik zeitweise in der Philosophie auf und dehnte ihren Geltungsbereich auf Schulen und Universitäten, Literatur und Architektur, Hof- und Gerichtswesen sowie gesellschaftliches Leben und schließlich auf die Kirche selbst aus. In gewisser Weise beherrschte sie das gesamte System der Wissenschaften und Künste in Europa. Das höchste Ziel humanistischer Bildung war die Eloquenz, ihr wurden alle anderen Lehrgegenstände untergeordnet. Nach humanistischem Verständnis lässt sich ein Zugang zur Welt nur über die Sprache gewinnen; deren Logik fußt auf der Rhetorik und entsprechend steigt die Disziplin zu einem, wie es Ueding nennt, »universalen Weltprinzip auf«.

Die mit dem Humanismus einhergehende Verweltlichung der Rhetorik zeigt sich besonders deutlich im Süden Europas, vor allem in Italien, während der Humanismus im Norden Europas weiterhin stärker religiös geprägt war.

»Über die Lust" – Humanismus des Südens

Der Italiener Laurentius Valla beschäftigte sich in seinen Schriften hauptsächlich mit lateinischer Grammatik und einer zeitgemäßen Auslegung der Bibel. Sein Glaube an eine gute Welt ließ ihn die mittelalterlich-klerikale Weltabgewandtheit überwinden. In seinem Buch »Über die Lust« legt er dar, weshalb sich ein Verständnis der Welt nur über die Sprache entwickeln lasse. Valla stellt in seiner Schrift in fiktiven Dialogen den Gegensatz zwischen den ganz aufs Diesseits gerichteten Anschauungen der Renaissance und den aufs Jenseits bezogenen Lehren der christlichen Religion mit ihrer Verwurzelung im Mittelalter dar. Wörter deuten die Welt und machen sie auf diese Weise dem Menschen zugänglich. Außerhalb der Sprache findet sich nur, was Valla »Hirngespinste« nennt. Es ist somit

„Die Geburt der Venus" von Sandro Botticelli entstand um 1485. Die der Welt zugewandte Haltung der Renaissance spiegelt sich in der Wiederbelebung der griechischen Mythen.

Der italienische Humanist, Philosoph und Gegner der Scholastik **Laurentius Valla** (1405–1457 in Rom) stellt in seiner Schrift „Über die Willensfreiheit" (1442) Argumente für und gegen die Willensfreiheit einander gegenüber. In seinen Schriften „Über die Lust" (1431) und „Dialektische Disputationen" (1439) rückt er die Funktion der Sprache als Mittel des Zugriffs auf die Welt und damit die Rhetorik in den Mittelpunkt seiner Betrachtungen. Alle Menschen, argumentiert er, seien sich in der Bejahung der Lust einig, er zeigt dies in provozierender Weise am Beispiel des Geschlechtsverkehrs.

nur konsequent, dass für ihn die Rhetorik die Königin der Wissenschaften war, ist es doch diese Disziplin, die mit Hilfe der Sprache über die Welt verfügt. Darin liegt die Essenz dessen, was später als Sprachhumanismus bezeichnet werden wird und über Giambattista Vico im 17. Jahrhundert bis zu Wilhelm von Humboldt zu Beginn des 19. Jahrhunderts reicht.

Uomo universale

Gleichzeitig bildete sich mit der Renaissance das Ideal des *uomo universale* heraus, des umfassend gebildeten Gelehrten, wobei die antiken Texte als Grundlage der klassischen Bildung verstanden wurden, da deren Kenntnis mit einem ausgeprägten kritischen und historischen Bewusstsein gleichgesetzt wurde. Ein auf solche Weise gebildeter Mensch war in der Lage, schreibt Eugenio Garin, »die gemeinsame Menschlichkeit in ihrer Entwicklung und in ihrer Einheit zu erkennen«.

Auch bekannt als *Cortegiano*, als Hofmann, war der sich am Modell des *vir bonus* der antiken Rhetorik orientierende *uomo universale* die Figur der Stunde.

In seinem in ganz Europa berühmt gewordenen Buch »Il libro del Cortegiano« schrieb Baldesar Castiglione, der perfekte Hofmann dürfe sich nie den »Namen eines Lügners oder Eitlen« erwerben und müsse in seiner Gesprächsführung stets darauf achten, »nicht das Wahrscheinliche zu verlassen und auch nicht oft jene Wahrheiten zu sagen, die das Aussehen von

Die italienische Renaissance

„Geburtsstätten der Renaissance waren die oberitalienischen Stadtrepubliken wie Florenz, Venedig, Siena, Mantua oder Urbino. Durch die Schwächung von Kaiser- und Papsttum, den Zerfall der zentralistischen Mächte, wurden die regionalen Kräfte frei und bekamen Raum zur Entfaltung. Jakob Burckhardt hat Florenz den ersten modernen Staat der Welt genannt. Hier hatte das städtische Bürgertum, das Handelsbürgertum vor allem, im Bund mit den absolut werdenden Fürsten den richterlichen Feudalismus zuerst gebrochen, eine Führungsschicht von Großkaufleuten und Bankiers bestimmte das staatliche und gesellschaftliche Leben, Manufakturen entstanden neben Handwerksbetrieben, Kalkulation bestimmte die Wirtschaft, es begann die Rechenhaftigkeit der Welt, und der ökonomische Rationalismus schuf den offenen Weltmarkt (…) Die Humanisten der Frührenaissance fanden unter diesen Verhältnissen ideale Lebens- und Arbeitsbedingungen. An die Stelle der religiösen, an den Feudalismus gebundenen Kultur setzten sie eine allgemein verfügbaren Vernunft." (Gert Ueding)

Lügen haben«. Der Hofmann wurde das Vorbild des *gentilhomme*, wie ihn die Franzosen nennen, und des *gentleman* der Engländer.

Die Beredsamkeit des Hofmanns

Die nach straffen Regeln geordnete Schulrhetorik stellte keinerlei Verbindung zur vorbildlichen Verhaltensweise dieses *gentleman* her, wie er bald auch in Deutschland heißen sollte. Darum entstanden unzählige Bücher, die sich, ganz im Sinne heutiger Bücher des Guten Tons, mit den Oberflächlichkeiten des Hoflebens beschäftigten und zugleich rhetorische Empfehlungen enthielten. Von Kleidung, über Gestik, Mimik und Themenwahl bis hin zu Stimmlage und Wortwahl wurden die Regeln des guten Benehmens am Hofe dargelegt. Diese Ratgeber beschäftigten sich keineswegs nur mit dem kurzweiligen Parlieren, sondern trugen auch der enormen Rivalität Rechnung, die allgemein in diesen gesellschaftlichen Gruppierungen herrschte. Das Vermögen, harte Konfrontationen auszuhalten, wird zu einer Vorgabe für Erfolg, wozu die Bücher entsprechende Anleitungen lieferten. Hier zeigt sich eine Parallele zu heutigen Rhetorik-Ratgebern, bei denen es ebenfalls um Erfolg – meist Verkaufserfolg – und von Ellenbogenstrategien bestimmte Durchsetzungskraft geht. Auch heute gilt Castigliones Diktum, man dürfe »nicht oft jene Wahrheiten sagen, die das Aussehen von Lügen haben«.

Humanismus des Nordens – Erasmus von Rotterdam

Der europäische Norden zeigt den Humanismus in stark religiös geprägter Form. Erasmus von Rotterdam greift auf Schriften von Augustinus zurück, um ganz wie dieser eine Verbindung von Frömmigkeit und Rhetorik zu schaffen. Die Worte dienen, deutlich im Gegenteil zu Valla, ebenso wie die Sprachkunst der Verbreitung und Verteidigung des Gotteswort. In diesen alleinigen Dienst wird die gesamte Disziplin gestellt. Ein Christ aber, der sich der Redekunst bedient,

Lehrbuch der Kavaliersberedsamkeit
Titel und Untertitel eines solchen Werks bieten eine relativ vollständige Inhaltsübersicht: „Einleitung zur Ceremoniel-Wissenschaft Der Privat Personen / Welche die allgemeinen Regeln / die bey der Mode, den Titularen / dem Range / den Compliments, den Geberden, und bey Höfen überhaupt, als auch bey den geistl. Handlungen / in der Conversation, bey der Correspondenz, bey Visiten, Asambleen, Spielen, Umgang mit Dames, Gastereyen, Divertissemens, Ausmeublierung der Zimmer / Kleidung, Equipage, u.s.w. Insonderheit dem Wohlstand nach von einem jungen teutschen Cavalier in Obacht zu nehmen / vorträgt« (Julius Bernhard von Rohr, 1730)

> „Man kennt die Dinge nur durch die Worte; wem die Macht über die Sprache fehlt, der wird notwendigerweise kurzsichtig, verblendet und närrisch in seinem Urteil über die Dinge sein."
> Erasmus von Rotterdam, „Die rechte imitatio"

braucht eine nach praktischen Gesichtspunkten ausgerichtete Rhetorik, eine wirksame Anleitung zum angemessenen Sprechen und Schreiben.

Mit Erasmus beginnt der Einzug der Rhetorik in die Schulen. In seinem Werk »Über die doppelte Fülle der Worte und Sachen«, das er für die St. Pauls-Schule in London schrieb, erörtert er Erfindung und sprachliche Darstellung besonders im Zusammenhang mit ihrer Anwendung im Lehrbereich.

In Bezug auf die Wahrheit geht es ihm nicht um deren Grundlage und Repräsentation in der Sprache, sondern um ihre sprachliche Fassung unter Berücksichtigung der menschlichen Affekte. Ganz wie sein Zeitgenosse Martin Luther denkt Erasmus hier an die Juristen, Pfarrer und Träger der staatlichen Verwaltung, die die Rhetorik in ihren Dienst stellen müssen, um den veränderten sozialen Bedingungen gerecht zu werden.

Der niederländische Humanist und Theologe Erasmus Desiderius, gen. **Erasmus von Rotterdam,** wurde 1469 in Rotterdam geboren. Seine Stellung innerhalb der Reformation blieb unentschieden, dennoch wurde er von den Katholiken ins Lager des Protestantis-

mus gerückt. Hauptsächlich geschah dies durch seine scharfe und unverhohlene Kritik an kirchlichen Missständen. Zunächst wurde er stark von den Italienern beeinflusst, insbesondere von Laurentius Valla. Im Anschluss an seine Reisen nach England waren es jedoch zunehmend die stark religiös geprägten Engländer wie Thomas Morus oder John Colet, die ihre Wirkung auf ihn ausübten. Seine satirische Schrift „Lob der Torheit" (1511, dt. 1534) ist eine ironische Lobrede auf das Laster, gegen die Rückständigkeit der Scholastik und die Verweltlichung der Kirche. Seine Arbeit war auf einen christlichen Humanismus im Sinne einer Synthese von Antike und Christentum ausgerichtet. Nach seinem Bruch mit Luther im Jahr 1524 zog er nach Basel. Als die Reformation auch dort Einzug hielt, siedelte er nach Freiburg im Breisgau um, später dann kehrte nach Basel zurück, wo er 1536 starb.

Erasmus von Rotterdam in einem Gemälde von Hans Holbein d. J.

In seiner Schrift »Das Lob der Torheit« spricht er sich eindeutig gegen »Sprachkünstler« aus, die ihr Augenmerk hauptsächlich auf den Stil richten; es geht ihm um einen Christen, der die Rede beherrscht und sie zu diesem Zwecke einsetzt – mehr nicht.

Rhetorik im Dienst der Reformation – Martin Luther

Martin Luther lebte über tausend Jahre nach Augustinus, dessen Werke der ehemalige Augustinermönch bestens kannte. Die Rhetorik erfuhr im Laufe dieser Jahrhunderte keine bedeutende Veränderung, die einzelnen Teilgebiete wurden den jeweils neuen gesellschaftlichen Bedingungen angepasst, wobei insbesondere die Predigt in den Mittelpunkt des Interesses rückte. Luther greift das Rhetorikverständnis des Augustinus wieder auf und strafft dessen Darlegungen in zentralen Punkten, ohne dabei jedoch je eine eigene »Rhetorik« geschrieben zu haben. Die Sprache, fordert Luther, habe ein Werkzeug der christlichen Lehre zu sein, und die Rhetorik diene dazu, sie zu systematisieren. Der Prediger oder christliche Redner wird als Vermittler von Gottes Wort selbst zum Werkzeug Gottes. »Des predigers mund und wort das ick gehort habe ist nicht seine sondern des Heiligen Geistes wort und predigt, der da durch solch auswendig mittel inwendig den glauben gibt und also heiligt«, sagt er in den »Tisch-

Martin Luther, Gemälde aus der Werkstatt Lucas Cranachs d. Ä. (Ausschnitt), 1526

„Die Sprache ist ein Werkzeug der christlichen Lehre."

Martin Luther (1483–1546), Sohn eines Bergmannes, studierte an der Universität Erfurt und bekam 1512 die Doktorwürde in Wittenberg verliehen, wo er Professor für Theologie wurde. Von 1505 bis 1524 war er Augustinermönch. Am 17. Oktober 1517 erfolgt der Anschlag der 95 Thesen, was ihm 1521 den Bann des Papstes und die Reichsacht eintrug. Fried-rich III. von Sachsen gewährte ihm Asyl auf der Wartburg, wo er mit der Übersetzung des Neuen Testaments begann. Seine Übersetzungen ebenso wie seine Lieder, Tischreden und anderen Schriften zeichnen sich im Gegensatz zu der von ihm als erstarrt angeprangerten und am Lateinischen ausgerichteten Kanzleisprache durch einen volksnahen Stil aus. Er forderte von der Sprache, sie solle klar, plastisch und humorvoll sein. Dasselbe galt für die Ausrichtung der Predigten. Für die Entwicklung der neuhochdeutschen Schriftsprache waren seine Werke von größter Bedeutung.

Die Predigt war seit Augustinus zur vierten Redegattung geworden, die bei allen Anlässen praktiziert wurde.

reden«, den Texten, aus denen seine Betrachtungen zur Rhetorik stammen. Diese wurden von Luthers Schülern zusammengetragen und aufgezeichnet.

Luther schätzte Quintilian sehr, und dessen Schriften zählten zum Grundbestand der Wittenberger Predigtlehre. Für ihn war allein die Bibel als das Wort Gottes der Beachtung wert, wie es durch die Propheten und Apostel offenbart und gegeben war. Schon bei Lukas 10, 16 steht geschrieben: »Wer euch (die Apostel als Verkünder) hört, der hört mich.« Der heilige Geist spricht durch die Prediger, denn Christus selbst nennt ihn einen »Tröster und Geist der Wahrheit« (Joh. 15, 26). Predigen ist für Luther nicht Menschenwerk, darum »fürchtet« er sich, wie er sagt, wenn er predigen soll.

Schulrhetorik – Philipp Melanchthon

Michel de Montaigne (1533–1592) prangerte in seinen »Essais« von 1580 die Schulrhetorik, wie sie zu seiner Zeit an den Universitäten und Klosterschulen betrieben wurde, als Kunst der Lüge und Prellerei an. In den rhetorischen Figuren, die Johann Gottsched knapp 200 Jahre später als »Sprache der Leidenschaften« bezeichnen wird, sei nichts als das Geschwätz von Kammerfrauen beschrieben. Sein Ziel war eine reduzierte Rhetorik, frei von Tand, festen Regeln und Vorgaben seiner

„Ein guter Prediger soll diese Eigenschaften und Tugenden haben: Zum Ersten, dass er einen fein richtig und ordentlich lehren könne. Zum Zweiten soll er einen feinen Kopf haben. Zum Dritten wohl beredt sein. Zum Vierten soll er eine gute Stimme haben. Zum Fünften ein gut Gedächtnis. Zum Sechsten soll er wissen aufzuhören. Zum Siebten soll er eines Dinges gewiss und fleißig sein. Zum Achten soll er Leib und Leben, Gut und Ehre dran setzen. Zum Neunten soll er sich von jedermann lassen vexieren und verspotten." (Martin Luther)

Zeit. An der Vormachtstellung der Rhetorik im Schulwesen änderte das allerdings nichts.

Der bedeutendste Pädagoge seiner Zeit war zweifelsohne Philipp Melanchthon in Wittenberg. Zunächst noch in starker Anlehnung an Erasmus verfasste er 1519 seine »Drei Bücher über Rhetorik«, die sich noch stark an dem ausrichteten, was Montaigne kritisierte: Katalogwissen. Das bedeutet Auswendiglernen von festen Vorgaben und Definitionen der Figuren und Tropen. 1542 jedoch verlässt Melanchthon mit seiner Schrift »Elemente der Rhetorik« diese Vorgaben und auch die Anlehnung an Erasmus. Jetzt konzentriert er sich auf die Dialektik, auf die logischen Grundlagen der Argumentation. Stilistik und Schmuck verlieren für ihn an Bedeutung.

Philipp Melanchthon, Ölgemälde, Mitte des 16. Jahrhunderts, Cranach-Werktatt

»Von deutschen Rhetoriken kann ich unter denen, deren Verfasser bereits todt sind, keine einzige loben, als Philipp Melanchthons seine«, schrieb Gottsched.

Die Jesuiten – Cyprian Soarez

1537 gründete Ignatius von Loyola den Orden der Jesuiten, dessen Ziel es war, im Sinne einer Rekatholisierung die an evangelische Kirchen verloren gegangenen Gebiete wiederzugewinnen. In der Folge waren es die Jesuiten, die sich besonders durch die Beherrschung der Redekunst hervortaten und begriffen hatten, welche enorme Macht mit der Beherrschung der Sprache einherging.

Cyprian Soarez (1524–1593) verfasste mit seinem Werk »Drei Bücher über Redekunst« von 1560 eines der europaweit wichtigsten Lehrbücher der Rhetorik seiner Zeit. Hauptsächlich wurden hier die griechischen und römischen Klassiker der Disziplin in genauem Wortlaut wiedergegeben und mit den neuen religiösen Zielen verbunden. Sein Anliegen war es, dieser Einsicht in die Bedeutung der Rhetorik eine philosophische Begründung zu verleihen: »Die Rede ist nämlich gleich-

Philipp Melanchthon
*1497 in Bretten, †1560 in Wittenberg. Der Humanist und Reformator studierte in Heidelberg und Tübingen und wurde 1519 Professor für Theologie in Wittenberg. Er war ein Freund und Mitarbeiter Luthers und stand in enger Verbindung mit Erasmus. Besonders tat er sich als Reformator des höheren Schul- und Universitätswesens in Deutschland hervor und suchte einen Ausgleich zwischen Humanismus, Protestantismus und Katholizismus. Neben seinen theologischen Werken schrieb Melanchton auch Kirchenlieder.

sam ein Abbild des Denkens. Gott hat dem Denken seinen Sitz im Verstand (*in mente*) gegeben, dem er die Herrschaft über unser ganzes geistliches Vermögen verliehen hat. Den Sitz der Sprache hat der höchste Schöpfer in den höchsten und erhabensten Teil des Körpers verlegt: Das Denken ist gleichsam ein Licht und Glanzpunkt des Lebens; die Sprache ist die Zierde und der Schmuck des Denkens. Es regiert und lenkt das eigene Empfinden (*animum*); die Rede beeinflusst auch das Fremde. Sie ist die bewundernswerte Erscheinungsform (*species*) des Denkens, die Schönheit der Rede bringt es als ein im Inneren Verborgenes an das Tageslicht.« Aber nicht nur um die Macht der Rede ging es ihm, sondern um die Möglichkeiten der Seelenführung im Kampf um den rechten Glauben. Da die Seele von Emotionen bewegt werde, solle darauf eingegangen werden, jedes Mittel sei recht, um das Ziel der Überzeugung zum (wahren) Glauben zu erlangen.

Die Aufklärung des 18. Jahrhunderts

Aufklärung ist in einer Kurzformel der Name für die Epoche, in der es galt, die Menschen aus der »selbstverschuldeten Unmündigkeit« (Kant) herauszuführen – und zwar sowohl politisch als auch religiös und sozial. Wenn wahre Mündigkeit »Reden nach der Vernunft« ist (Michael Loebbert), bedeutet dies also vor allem, dem Menschen die Sprache zu geben, mit deren Hilfe er sich ausdrücken kann. Nicht das Individuelle des einzelnen sprachlichen Ausdrucks rückte in den Mittelpunkt, sondern das Allgemeine und Gemeinsame von Sprache unter dem Maßstab der Vernunft.

In Bezug auf die Rhetorik brachte die Aufklärung einen gewaltigen Umschwung, während der »Vater der neuzeitlichen Philosophie«, René Descartes (1596–1650), in seiner kritischen Beschäftigung mit der menschlichen Erkenntnisfähigkeit die Kunst der Rede zum Zwecke der Überzeugung strikt ablehnte. Durch ihre Orientierung am Wahrschein-

René Descartes, Gemälde von Frans Hals, um 1640, Paris, Musée du Louvre

lichen sei sie kein Bestandteil einer an allgemeingültigen Prinzipien der Erkenntnis orientierten Philosophie. Sie diene lediglich als Sprachrohr der Erkenntnis und Instrument des Denkens, ohne selbst zu neuen Erkenntnissen führen zu können.

Auch Francis Bacon (1561–1626) betrachtete die Rhetorik als Quelle von Irrtümern und Dunkelheit und Immanuel Kant (1724–1804) denunzierte sie gar als schein- und lügenhaft. Diese Kritik galt jedoch eigentlich einer Redekunst, in der Schmuck und poetische Bildlichkeit im Mittelpunkt standen. Was die Philosophen und Gelehrten der Zeit bewog, auch weiterhin an der Rhetorik als einer wichtigen Disziplin festzuhalten, war deren Potential als notwendige »Theorie eines auf Sprache angewiesenen Denkens« (Göttert).

Francis Bacon, Gemälde von Paul van Somer. Der englische Philosoph und Staatsmann bezeichnete die Rhetorik als Quelle von Irrtümern und Dunkelheit.

Immanuel Kant, Gemälde von Gottlieb Döbler, 1791. Kant denunzierte die Rhetorik als schein- und lügenhaft.

„Aufklärung ist der Ausgang des Menschen aus seiner selbstverschuldeten Unmündigkeit. Unmündigkeit ist das Unvermögen, sich seines Verstandes ohne Leitung eines anderen zu bedienen. Selbstverschuldet ist diese Unmündigkeit, wenn die Ursache derselben nicht am Mangel des Verstandes, sondern der Entschließung und des Mutes liegt, sich seiner ohne Leitung eines andern zu bedienen. *Sapere aude!* Habe Mut, dich deines eigenen Verstandes zu bedienen! ist also der Wahlspruch der Aufklärung." (Immanuel Kant)

Der französische Schriftsteller **Antoine Arnauld** (1766–1834), Mitglied des Diskussionszirkels von Port Royal, übte scharfe Kritik an der Rhetorik und tat sie als überflüssig ab: „Im Hinblick auf die Rhetorik haben wir zum Beispiel erwogen, dass ihre mögliche Hilfe beim Finden von Gedanken, Redewendungen und Ausschmückungen nicht so beträchtlich ist. Der Geist liefert nämlich genug Gedanken, der Gebrauch gibt die Redewendungen, und an Figuren und Ausschmückungen hat man immer nur zuviel zur Verfügung. Man könnte daher beinahe sagen, es komme nur darauf an, gewisse schlechte Arten des Schreibens und Sprechens, vor allem einen gekünstelten und rhetorischen Stil, gebildet aus falschen und hyperbolischen Gedanken und erzwungenen Figuren, der das größte Übel ist, fallenzulassen."

Nationalisierung der Rhetorik

Neben der Stärkung der jeweiligen europäischen Nationalsprachen förderte die Aufklärung die Nationalisierung der bisher lateinischsprachigen Rhetorik. So entstanden eine Reihe neuer Lehrbücher in den jeweiligen Sprachen, was eine Veränderung der Terminologie zur Folge hatte, da viele Ausdrücke übersetzt wurden. Anknüpfend an die antiken Briefautoren, etwa Plinius und die humanistische Briefkunst, wurde der Brief zur eigenständigen rhetorischen Gattung. Die Poetik blieb weiter unter dem Einfluss der Rhetorik.

Die Epoche der Aufklärung wird oftmals mit der griechischen Sophistik verglichen (siehe Kapitel »Anfänge und erste Kritik«), und diese antike Zeit bezeichnet man wiederum als griechische Aufklärung. Die beiden bedeutendsten deutschen Rhetoriker dieser Epoche waren Johann Andreas Fabricius und Johann Christoph Gottsched.

Die Lehrbarkeit der Disziplin – Johann Andreas Fabricius

Gemäß dem Anspruch der Aufklärung wird die Rhetorik auf die Grundlage der Vernunft gestellt. Dem Menschen sollen die sprachlichen Werkzeuge an die Hand gegeben werden, mit deren Hilfe er sich angemessen in einer gegebenen Situation artikulieren kann. Fabricius macht diese Forderung in seiner Schrift »Philosophische Oratorie« (1724) zum Programm und entwickelt, so der Untertitel, »eine vernünftige Anleitung zur gelehrten und galanten Beredsamkeit«. Für ihn hat die Rhetorik oder Beredsamkeit, wie sie in ihrer Übertragung ins Deutsche nun weitgehend heißt, den doppelten Zweck, einerseits ganz allgemein dem menschlichen und zwischenmenschlichen Miteinander dienlich zu sein, und andererseits im je konkreten Einzelfall den geschickten Ausdruck der Gedanken zu lehren und in anderen »eben die Gedanken und Regungen (zu) erwecken, die man selbst bei sich hat und empfindet und in anderen rege zu machen suchet« – also das alte Anliegen der Redekunst, Beeinflussung und Überzeugung. Dabei geht Fabricius sowohl von der natürlichen Anlage eines jeden Einzelnen aus, als auch von der Lehrbarkeit der Disziplin. Grundmaxime jedoch bleibt für ihn, »von nichts (zu) reden, als was er versteht, und auch von dem, was er versteht, nicht eher reden, als es nötig ist«.

Anleitung zur Praxis – Johann Christoph Gottsched

Gottsched untersuchte in seiner »Ausführlichen Redekunst« das Zustandekommen von Wahrheit durch die Rede als Mittel der Überzeugung. Für die Wahrheit galt es, eine Begründung nach den Grundsätzen der Vernunft zu finden, die für ihn das entscheidende Regulativ in allen Bereichen der Kommunikation war. Bei seinen Betrachtungen diente auch Gottsched die Antike als Leitbild. Er zieht Cicero, den »vollkommensten Lehrmeister der Redekunst«, Quintilian und – mit Einschränkungen – Aristoteles als Garanten des Vernünftigen heran, fuße deren Lehre doch auf »natürlichen Prinzipien«. Für Gottsched ist die Rhetorik eine praxisorientierte Lehre, die den Menschen »beredt machet«.

Johann Christoph Gottsched in einem zeitgenössischen Stich

Johann Christoph Gottsched, *1700 in Juditten bei Königsberg, †1766 in Leipzig, studierte Theologie und Philosophie in Königsberg. 1724 floh er vor den preußischen Soldatenwerbern nach Leipzig, wo er eine rege publizistische Tätigkeit begann. In den Jahren bis 1762 gibt er eine Reihe von literarischen Zeitschriften heraus, es erscheinen zahlreiche Artikel und einige seiner Bücher erzielen mehrere Auflagen. Von seiner „Ausführlichen Redekunst" sagt er selbst, er wolle seine Rhetorik als „ein beständiges Lehrbuch auf Universitäten" sehen.

Ab 1730 ist er außerordentlicher Professor für Poesie und Beredsamkeit in Leipzig, ab 1734 ordentlicher Professor für Logik und Metaphysik. Gottsched wurde zum Reformer und geistigen Führer der Frühaufklärung. Besondere Verdienste erzielte er im Bereich des deutschen Theaters; er sorgte für eine deklamatorische Ausbildung der Schauspieler und hob das soziale Ansehen des Standes, dabei war seine Haltung gegenüber dem Theater starr und dogmatisch. Er wollte das Wunderbare, Phantastische, ja jedes Gefühl von der Bühne verbannt sehen, lehnte somit auch die Stücke von Milton, Klopstock und Shakespeare ab.

Der Redner

Für Gottsched ist ein Redner ein »gelehrter und recht-schaffener Mann, der die wahre Beredsamkeit besitzt«. Dieser Redner soll über die folgenden Eigenschaften verfügen: (a) Scharfsinnigkeit, (b) Einbildungskraft und (c) lebhaften Witz. Hinzu kommen Gedächtnis, »unerschrockenes Gemüt« bei öffentlichen Auftritten und »wohlgebildete Gestalt«, »zierliche Aussprache« und »gravitätische Stellung des ganzen Leibes«.

Titelblatt der vierten Auflage von Gottscheds „Critischer Dichtkunst", 1751

Bilder der Seele

Gottsched unterscheidet zwischen der Bered-samkeit als dem praktischen Aspekt und der Redekunst (Wohlredenheit) als der theoreti-schen Lehre, womit er erneut die Doppelnatur der Rhetorik in den Blick rückt. Er macht deut-lich, dass beide Teile untrennbar miteinander verbunden sind und dass seine Lehre eine An-leitung zur Praxis darstellt, die auf einer festen Theorie fußt. Es geht bei der Rhetorik, wie er mehrfach betont, um Überredung. Diese Über-redung zielt auf Wesen, die sowohl über Ver-stand als auch Willen verfügen. Beide Aspekte bezeichnet er als »Seelenanteile«, die es durch »Bewegungsgründe« zu gewinnen gelte.

Gottsched verweist auf die Psychologie, mit deren Hilfe sich der Redner auf die beschränkte Auffassungskraft der Hörer einstel-len kann; vor allem der Anfang einer Rede müsse unter psycho-logischen Gesichtspunkten gestaltet werden:
„Zum andern aber muß ein Redner nothwendig den Verstand und Willen seiner Zuhörer kennen und auf die gehörige Art an-zugreifen wissen. Jener soll überredet, dieser aber gelenket werden: Wie wird nun dazu ein Mensch vermögend seyn, der sich die Kräfte der Seelen gar nicht bekannt gemacht; der die Quellen der Vorurtheile nicht entdecken; die irrigen Meynungen nicht in ihren Wurzeln ausrotten; die heimlichen Triebfedern der Begierden nicht auskundschaften, und die neuen Bewegungs-gründe seinen Zuhörern nicht recht ans Herz legen kan. Daher gehört denn hauptsächlich die Vernunft- und Sittenlehre vor einen Redner. Und da beyde in der Psychologie, oder der Lehre von der menschlichen Seele ihren Grund haben: So gehört auch hauptsächlich diese dazu. Man kan unmöglich ein wildes Pferd recht regieren, wenn man seine Tücke nicht kennet."

Von der Seele sprach bereits Platon, als er die Rhetorik »eine Art Führung der Seelen durch Reden« nannte. Ebenfalls von der Seele sprach Bernard Lamy in seinem Buch »De l'art de parler« von 1675, das Gottsched sehr gut kannte. Die Gedanken seien, so Lamy, »Bilder der Seele«, und das Problem der Rede sei die Transformation dieser Bilder in Worte.

Über Wahrheit und Wahrscheinlichkeit

Auch »einfältige Leute« glauben nichts ohne Gründe, weshalb diese einer logischen Prüfung standhalten können müssen. Viele Gründe jedoch basieren auf Wahrscheinlichkeiten, aber, so argumentiert Gottsched, kein Redner verfüge stets über so detaillierte Kenntnis einer Materie, noch vertrage jeder Zuhörer immer die volle »Gründlichkeit« einer Sache, folglich führe kein Weg an den wahrscheinlichen Gründen vorbei. Es gehe auch und vor allem um moralische Grundsätze, denn nicht zu irgendwelchen Wahrheiten seien die Zuhörer zu überreden, sondern ausschließlich zu solchen, die ihnen »nützlich und nötig, auch nach dem gemeinen Besten zuträglich« seien. Die Wahrheit wurde in gewisser Weise an die Wahrscheinlichkeit gebunden, denn nur das, was sich als wahrscheinlich überzeugend ausweisen kann, werde auch als Wahrheit akzeptiert, erläutert Gert Ueding diesen Gedankengang.

»Eine jede Wahrheit ist nämlich nur deshalb eine Wahrheit«, so Gottsched, »weil sie einen zureichenden Grund hat: den also derjenige einsehen muss, der sie für eine Wahrheit erkennet. Die Wahrheiten hängen alle mit einander zusammen, und die eine fließt in die andere: so dass die eine nur darum wahr ist, weil eine oder etliche andere wahr sind.«

Die Beschränktheit der Zuhörer

Wahrheit jedoch bedürfe des Nachdrucks, schreibt Gottsched, denn man habe es in den meisten Fällen mit einem beschränkten oder schwachen Zuhörer zu tun, dem es die Wahrheit mit Nachdruck zu vermitteln

„Ein Redner ist also nicht zufrieden, wenn man ihn gern höret, wenn man seine schöne Schreibart lobet, seine hübschen Gedanken und sinnreichen Ausdrücke erhebet. Er geht viel weiter und fordert ungleich mehr von seinen Zuhörern. Man soll ihm in seinem Vortrage auch vollkommen beipflichten […]; man soll das für wahr und für falsch halten, was er dafür hält; man soll endlich lieben und hassen, zürnen und beneiden, frohlocken und trauern, hoffen und fürchten, suchen und fliehen, ja tun und lassen, was und wie es ihm gefällt […]. Wer diese Absichten nicht hat, wenn er redet; oder auch die gehörigen Mittel dazu nicht in seiner Gewalt hat, der rühmet sich umsonst einer wahren Beredsamkeit." (Johann Christoph Gottsched)

gelte. Dieser würde, wäre das Sprach- oder Informationsniveau zu hoch, »entweder nichts von dem allen verstehen, was man ihm sagte: oder gar nicht einmal zuhören«. Schon Fabricius nannte den gemeinen Zuhörer einen »büffelhirnigen Pövel«, bezeichnete ihn als »rauh und dumm«. Die Einschätzung derer, die es zu überzeugen galt, war offensichtlich nicht hoch.

Der Redner selbst ist darum angehalten, ohne Verzierungen, ohne Kunstwörter und allzu gehobenen Stil zu sprechen, er »muss sich von seiner Höhe ein wenig herunter lassen, und auch von den gelehrten Dingen (...) in der gemeinen Sprache reden, die ein jeder verstehet«. Die Vernunftschlüsse, derer der Redner sich bedient, müssen leicht verständlich sein und dürfen, ja sollen sich sogar des Wahrscheinlichen bedienen, denn wahrscheinliche Gründe sind »gute Gründe«, wenn sie der »unveränderlichen Natur des Menschen entsprechen«. Zudem scheint es nicht geboten, allzu viele Gründe zu benutzen, denn dadurch werde er den »Verstand seiner Zuhörer abmatten und überhäufen«. Gottsched empfiehlt, die Zuhörer zu nehmen, wie sie sind, und sich »ihre Gemütsart zu Nutze [zu] machen, so gut man kan«.

Die Affekte der Zuhörer

Gottsched warnt eindringlich vor »lahmem Gewäsch«, womit er eine zu verschnörkelte und folglich unverständliche Rede meint. Nach Fabricius ist der Mensch bestimmt von der Sinnlichkeit und könne somit auch durch die Sinnlichkeit gewonnen werden. Es geht also um die Affekte der Hörer, um deren gefühlsmäßige Einbindung.

Gottsched nennt zwei Hauptregeln zur Erregung und Dämpfung der Gemüter: »I) Will man einen angenehmen oder verdrüßlichen Affect erregen; so stelle man seinem Zuhörer alle das Gute, oder alle das böse, in grosser Menge, und sehr geschwinde hinter einander vor die Augen, welches an einer Person oder Sache befindlich ist, oder doch zu seyn scheinet. Dieses nun recht zu bewerkstelligen, muß ein Redner sehr scharfsinnig seyn erst selbst viel an einem Dinge wahrzunehmen, was zu seinem Zwecke dient. Hernach muß er auch viel Witz haben, um durch einen Strom von nachdrücklichen und lebhaften Worten seine Gedanken feurig vorzutragen. Denn wenn dergleichen Vorstellungen gar zu mager und schläfrig geschehen, so verlieren sie alle ihre Kraft. II) Will man einen Affect unterdrücken oder dämpfen; so muß man dem Zuhörer zeigen, daß entweder das Gute, oder das Böse, an der Sache nicht vorhanden sey, welches er daran zu sehen meynet; oder daß es wenigstens groß, oder so zahlreich nicht sey, als es ihm bedünket. Auch hier kan er der obigen Eigenschaften nicht entbehren; wiewohl sonst noch mehr Einsicht dazu nöthig ist.«

Die Frage des Stils

»Ein Satz kann unmöglich schön seyn, der noch nicht einmal vernünftig ist« – nach Gottsched ist der Stil also der Vernunft nachzuordnen.

Seitdem Mitte des 15. Jahrhunderts Gutenberg seine erste Bibel gedruckt hatte, nahm die Produktion von Büchern beständig zu. Es gab kaum eine Epoche, in der so viele Bücher über Rhetorik verfasst wurden, wie in jenen Jahren, was selbstverständlich auch mit dem Beginn der Massenproduktion von Büchern zusammenhing. Jeder Autor wollte sich durch eigene, mehr oder weniger theoretisch fundierte Stile zu profilieren suchen. Zu Gottscheds Zeiten wurden weit über hundert Einzelstile beschrieben, eine verwirrende Entwicklung, die erst durch Gottscheds Rückgriff auf die Drei-Stile-Lehre beendet wurde. Vorausgesetzt, der Stil ist auf logischer Grundlage in Wörter gekleidet, könne er dem Gedanken lediglich

Eine Buchdruckerpresse um 1520

eine gewisse Zuspitzung des Gemeinten hinzufügen – oftmals mithilfe einer an die Leidenschaften appellierenden Darstellung: »entsprechend bedarf es einer natürlichen (normalen), einer sinnreichen und einer bewegenden (pathetischen) Schreibart« (Göttert). Gottsched sagt es deutlich: »Wir müssen nämlich durch die Beredsamkeit, im eigentlichen und engern Verstand, eine Geschicklichkeit verstehen, seine Zuhörer von allem, was man will, zu überreden, und zu allem, was man will, zu bewegen.« Der Stil ist Mittel für diesen Zweck – nicht mehr und nicht weniger.

Schreibart

Der Redner findet nach Gottsched nur Beifall, wenn er in einer »deutlichen, ordentlichen, angenehmen und nachdrücklichen Schreibart vorträgt«. Schon Cicero hatte empfohlen, den Aufbau und die Gestaltung komplizierter Reden zum Zwecke der Kontrolle schriftlich vorzunehmen. Gottsched rät, »Anfängern und Schülern in der Redekunst« sich bei der »Ausarbeitung nicht auf die Fertigkeit ihrer Zungen und auf

In der Französischen Revolution gewann die Rhetorik wieder eine politische Dimension. In dieser zeitgenössischen Abbildung zerbricht der Dritte Stand seine Ketten, Adel und Klerus ergreifen die Flucht.

die Fähigkeit ihres Witzes zu verlassen; sondern alle ihre Reden aufs fleißigste zu Papiere zu bringen«. Ferner nennt er zehn gute Schreibarten, um Fehler und Fehlschlüsse zu vermeiden: »(a) deutlich, (b) artig, (c) ungezwungen, (d) vernünftig, (e) natürlich, (f) edel, (g) wohlgefasst, (h) ausführlich, (i) wohlverknüpft und (j) wohlabgetheilet«.

Das Briefeschreiben betrachtet der geistige Führer der Frühaufklärung als Sonderfall der Rhetorik, dem er jedoch keine große Aufmerksamkeit beimisst, weil es keiner gesonderten Regeln bedürfe. Mimik und Gestik bezeichnet Gottsched dagegen als »korporale« Schreibarten; so bilden Stimme und Gestus neben dem Text selbst ein weiteres Ausdruckssystem. »Wir halten indessen, nach dem Gutachten der größten Männer, dafür: dass die Natur es selbst einen jeden, der nur ein etwas lebhaftes Wesen besitzt, lehret, seine Worte, die ihm ein Ernst sind, mit einer anständigen Miene des Gesichts, und Bewegungen des Leibs zu begleiten, um ihnen dadurch einen desto größeren Nachdruck zu geben.«

Ausblicke und Übergang zur modernen Rhetorik

Bereits im Vorfeld der Französischen Revolution gewann die Rhetorik eine neue, diesmal wieder dezidiert politische Dimension. Es ging von nun an sowohl um politische Beredsamkeit als auch, im schriftlichen Bereich, um die Evolution einer kritischen Zeitungswissenschaft, denn dieses noch relativ junge Medium begann, sich sehr schnell zu entwickeln.

Gegen Ende des 18. Jahrhunderts setzte dann allerdings ein Verfall der Rhetorik ein. Die Zeit ihrer unumstrittenen Blüte war endgültig vorüber. Durch die Entstehung neuer und mit der Rhetorik konkurrierender Wissenschaften wie Pädagogik und Psychologie und vor allem der Herausbildung der nationalsprachigen Philologien verlor sie an Bedeutung. Auch wenn es Gegenpositionen wie etwa die Friedrich Nietzsches gab – gegen den Verfall ihrer ursprünglichen Tragweite richteten diese nur wenig aus.

Niedergang der Rhetorik

»Es giebt gar keine unrhetorische ›Natürlichkeit‹ der Sprache, an die man appellieren könnte: die Sprache selbst ist das Resultat von lauter rhetorischen Künsten«, konstatierte Friedrich Nietzsche im Sommer 1874 in einer Vorlesung zur Geschichte der antiken Rhetorik. Doch dieses Eintreten für die Allgegenwart der Rhetorik half ihr auf wissenschaftlicher Ebene wenig, ihr Niedergang als wissenschaftliche Disziplin war unaufhaltsam, hielt sie sich auch weiterhin auf populärer Ebene als Ratgeberin in der Praxis der Rede und des Schreibens. Es gab für die Rhetorik kein Anwendungsfeld mehr, da die politischen und sozialen Bedingungen ihrer nicht mehr bedurften.

Gert Ueding bezeichnet das Deutschland des 19. Jahrhunderts als »Untertanenstaat«, in dem eine Trennung von intellektuellem und politischem Leben vollzogen

Friedrich Nietzsche, Büste von Otto Dix, 1912

Deutschland ist im 19. Jahrhundert laut Gert Ueding ein „Untertanenstaat" – Heinrich Mann, hier bei einer Rede vor preußischen Polizeibeamten in Berlin, lieferte mit seinem 1918 erschienenen Roman „Der Untertan" ein beeindruckendes Porträt eines solchen autoritären Charakters.

An der südöstlichen Ecke des Londoner Hyde Parks befindet sich die so genannte **Speakers' Corner**, an der es sonntags jedermann gestattet ist, frei zu sprechen. Seit mehr als 150 Jahren ist S.C. eine Londoner Institution, hier wird debattiert, diskutiert, gepredigt und gewitzelt, hier sprachen schon Karl Marx, Friedrich Engels, George Orwell und Lenin. Bevor S.C. zu dem wurde, was es heute ist, befand sich an dieser Stelle Tyburn, eine der Lynchstätten der Stadt. Oliver Cromwell's Leiche wurde hier als Warnung für jeden in einem Käfig öffentlich zur Schau gestellt, der sich mit dem Gedanken trug, die Monarchie zu gefährden. Leslie James, ein Chronist des Hyde Parks schrieb, dies sei der passende Ort, für das „Jahrhundert des Mannes von der Straße".

worden war, die sich bis weit ins 20. Jahrhundert hinein auswirkte und in letzter Konsequenz zu einem Volk führte, das rhetorisch völlig ungeschult und damit für jede Beeinflussung offen war. Dabei darf man nicht vergessen, dass rhetorische Schulung auch die Rezeption mit einschließt – auch Zuhören und damit Einordnen von Gehörtem will gelernt sein.

Angelsächsische Debattenkultur

In Deutschland ist eine Debattenkultur unbekannt, wie sie in der angelsächsischen Welt Tradition hat. Eine Einrichtung wie die »Speaker's Corner« im Londoner Hyde Park gab und gibt es in Deutschland nicht. Erst mit der 68er-Generation wurde so etwas wie öffentliche Rede wieder in breiterem Maße praktiziert. Rhetorikunterricht an den Schulen war und ist nicht vorgesehen. In den USA dagegen wird Rhetorik an den Universitäten gelehrt, an den Schulen gibt es Debattierclubs, und öffentliches Sprechen wird systematisch unterrichtet. Auch ein Fach wie »Creative Writing« ist dort sowohl als Studien- wie als Unterrichtsfach präsent. Ueding beschreibt die Situation in Deutschland wie folgt: »die Sprachlosigkeit der Politik selber oder vielmehr (weil jede Politik der Sprache bedarf) eine politische Verlautbarungsrhetorik, die arm an Emotionen, arm an Schmuck, arm an Gesprächigkeit, aber natürlich auch an Begründungen und Nachweisen ist; schließlich die Verbreitung einer

„Speaker's Corner" im Londoner Hyde Park

Rudi Dutschke im Audimax der FU Berlin, 1967

geschwätzigen, unkultivierten Alltagsrede im Privatle-
ben und in der Familie auf der einen und die Wuche-
rung eines Schwulststils in der öffentlichen Repräsentation des Staats, der Künste und Wissenschaften auf
der anderen Seite.«

Reichsparteitag in Nürn-
berg

Rhetorik des totalitären Staats

Zu den rhetorischen Fähigkeiten des Redners treten
seit den Nationalsozialisten eine Vielzahl technischer
und propagandistischer Mittel, die von niemandem so
vollständig ausgenutzt wurden, wie von Hitler. Sein
Biograph Ian Kershaw schreibt über Hitlers Zeit nach
der Entlassung aus der Armee: »Nun konnte er ganz-
tägig, wenn auch zunächst nur am Rande, in den Bier-
kellern seinen Aktivitäten als politischer Agitator nach-
gehen. Er verdiente mit einer einzigen Sache, von der
er etwas verstand, seinen Lebensunterhalt: mit Reden.«
Die Inszenierungen seiner selbst sind Höhepunkte der
Rede als Demagogie. Sie werden heute nur von den
Wahlkampfveranstaltungen in den USA übertroffen –
ganze Städte scheinen dort in einem gleichsam karne-
valistischen Rausch, in einem rot-weiß-blauen Meer
von Millionen Fähnlein und bunter Hüte zu taumeln,

einem Rausch, in dem die Mächtigen sich dem gemeinen Volk anzudienen versuchen – ebenso perfekt inszeniert wie die Reichsparteitage der NSDAP. Politik ist abhängig geworden von Medienpräsenz – und wird, längst nicht mehr nur in den USA, letztendlich von ihr sogar entschieden.

Rededuell

Auch das deutsche Fernsehen veranstaltet inzwischen vor Wahlen Rededuelle nach amerikanischem Vorbild. Rhetorisch jedoch erreicht dieser sprachliche Schlagabtausch weder das amerikanische Vorbild noch lässt er sich mit anderen rhetorischen Vorbildern messen. Es

Amerikanisches Wahlplakat von 1896 für den Präsidentschaftskandidaten William McKinley

geht einzig darum, sich selbst im Gegensatz zum Gegner zu profilieren, die Selbstdarstellung ist wichtiger als der Inhalt, die Bezugnahme auf die Äußerungen des Gegners spielt nur noch eine marginale Rolle. Es geht um Medienpräsenz und nicht mehr darum, eine Masse so von einer eigenen politischen Idee zu überzeugen, dass jeder Einzelne glaubt, er habe sie selbst entdeckt, wie es sich ja die gute Rede als Ziel steckt. Von den vier Kategorien der Rede (Beratungs-, juristische-, Lobrede und Predigt) scheint nur mehr die Lobrede überlebt zu haben, die allerdings im Gegensatz zu ihrer klassischen Form zum puren Selbstlob verkommen ist. Das hat sie mit der Rede Hitlers gemein, die nur die eine Aufgabe hatte, das politische Credo darzulegen und die eigene Person (medien)wirksam zu inszenieren. Es werden heute nur mehr ästhetische Forderungen befriedigt und Emotionen angesprochen. Politik ist auch rhetorisch zum Zirkus verkommen, und die medialen Vorüberlegungen zum Rededuell und die Nachbereitung desselben, die Betrachtungen über Aussehen und Wirkung der Redner auf einzelne Bevölkerungsgruppen werden für wichtiger erachtet als die Reden und deren Inhalt – im Vergleich hierzu wir-

Konrad Adenauer auf
Wahlkampfreise, 1957

ken Wahlkampfveranstaltungen im Nachkriegsdeutsch-
land eher unprofessionell, in jedem Fall jedoch sehr
viel authentischer als heute.

Tendenzen der Rhetorik der Gegenwart

So viel zu einigen populären Aspekten der Rhetorik in
der gegenwärtigen Medienkultur. In der wissenschaftlichen Auseinandersetzung mit der Disziplin zeichnen
sich seit etwa 1960 folgende Tendenzen ab: (1) eine
philosophisch orientierte rhetorische Argumentations-
und Kommunikationstheorie; (2) die Rhetorik der Massenmedien und der Werbung unter psychologischen
Aspekten, die so genannte »New Rhetoric«, besonders
in den USA; (3) eine linguistisch und semiotisch orien-

Als **New Rhetoric** bezeichnet man die Entwicklung einer Rhetorik der Massenmedien und der Werbung mit psychologischem Schwerpunkt, vor allem in den USA und im französischen Sprachraum. Im allgemeinen handelt es sich um eine semiotisch-linguistische Aufarbeitung der „alten" Rhetorik, traditionelle Fragestellungen werden aus dem Blickwinkel der modernen Kommunikations- und Sprachwissenschaften behandelt. Es geht aber auch um philosophisch-pragmatische Ansätze und die amerikanische sozialpsychologische Erforschung der *Persuasion*, der Meinungs- und Handlungsbeeinflussung.

Die New Rhetoric entwickelt sich parallel zum so gennnaten *linguistic turn* in der Philosophie: „Entgegen einer verödenden Bewußtseinsphilosophie, aber auch in Frontstellung zu einer naturwissenschaftlich inspirierten Exaktheitsideologie, empfiehlt sich die Analyse der Sprache als Weg zu einem Erkenntnisbegriff, der sich statt an der ‚Welt' und ihrer ‚Repräsentation' (im Bewußtsein) an den (sprachlichen) Prozessen der Aneignung und Verarbeitung von ‚Tatsachen' orientierte." (Göttert)

tierte Rhetorik; (4) das populäre Feld der Anwendungs- und Gebrauchs-Rhetorik, wie Selbstdarstellungs-, Verkaufs- oder Manager-Training.

Argumentationstheorie – Chaïm Perelman

Der Philosoph Chaïm Perelman (1912–1984) veröffentlichte unter dem Titel »L'empiri rhétorique. Rhétorique et argumentation« eine Zusammenfassung seiner rhetoriktheoretischen Überzeugungen. Sein Interesse gilt einer allgemeinen Theorie der Argumentation, womit er eine Theorie des überzeugenden (persuasiven) Redens meint, »die auf die intellektuelle wie emotionale Zustimmung einer Öffentlichkeit abzielt«. Dies bedeutet, dass jede Rede, jede verbale Kommunikation, die das Denken und die Orientierung anderer beeinflussen, die Gefühle anstacheln oder besänftigen will, wie beim antiken Vorbild in den Bereich der Rhetorik falle. In spezieller Weise setzt sich Perelman mit der Dialektik als Technik der Kontroverse auseinander, jener Disziplin, die Aristoteles schon zu Beginn seiner »Rhetorik« als deren Gegenstück bezeichnet hatte. Dabei bezieht sich die Dialektik auf die Argumente, die in einer Kontroverse eingesetzt werden, und die Rhetorik als Technik des Redners bezieht sich dementsprechend auf das Auditorium. Für Perelman erstreckt sich das »Reich der Rhetorik« über das »unermesslich weite Feld des nicht-formalisierten Denkens«. Die Theorie der Argumentation »deckt das Feld sämtlicher auf Überzeugung oder Überredung gerichteten Diskurse ab, an welche

Chaïm Perelman
*1912 in Warschau, †1984 in Brüssel. Perelman lebte seit 1925 in Belgien und studierte dort Jura, Philosophie und Linguistik, promovierte in Jura und 1938 in Warschau in Philosophie. Zwischen 1944 und 1978 war er ordentlicher Professor für Logik und Metaphysik an der Freien Universität Brüssel. In dem Buch „L'empire rhétorique. Rhétorique et argumentation" von 1974 legt er seine Theorie der Argumentation dar. Perelman ist einer der Hauptvertreter der „neuen Rhetorik". Seine Betrachtungen knüpfen eng an Überlegungen der aristotelischen Rhetorik an.

Zuhörerschaft sie sich auch richten und welchen Gegenstand sie auch behandeln mag«. In diesem Sinne stimmt er mit Walter Jens überein, der die Rhetorik als die »alte und neue Königin der Wissenschaften« bezeichnet.

Was ist ein Argument?

»Ein Argument ist für Perelman eine textuell-syntaktisch situierte Konstruktion innerhalb des Argumentationsvorgangs«, schreibt Joachim Knape. Es hat keine vorgegebene Form, sondern passt sich dem jeweiligen Kontext an: »Jedes Argument hat in dem Augenblick zu kommen, in dem es die stärkste Wirkung ausübt. Doch was das eine Auditorium gewinnt, überzeugt noch nicht ein anderes, daher bedarf es immer neuer Anpassungen«, formuliert Perelman. Er fasst die Rhetorik vor allem als Argumentationslehre auf, denn in jeder rhetorischen Situation wird argumentiert. Dabei betrachtet Perelman die Struktur der Argumente als abhängig sowohl vom Sprecher als auch vom Publikum und der in Rede stehenden Sache. Es geht ihm um die Analyse von Argumenten, um den Aufbau von Argumentationen und um die Möglichkeit, Argumente erfolgreich zum Einsatz zu bringen. Perelman folgt dabei einem erweiterten Verständnis von »Argument«: Während im allgemeinen Sprachgebrauch ein Argument ein Satz ist, der den Wahrheitsgehalt eines anderen Satzes stärken oder ihn begründen soll, ist es bei Perelman alles, was die Zustimmung eines Hörers gewinnt, egal, ob dies durch logische Argumente oder durch ein Ansprechen von dessen Gefühlen geschieht. Die Wahl der Wörter ist dabei ebenso entscheidend, wie die rhetorischen Figuren. Perelman legt eine Theorie der Argumente vor, was auch bedeutet, den Zweck der Rhetorik als Analyse der rhetorischen Mittel darzustellen.

Auch innerer Monolog ist Argumentation

Seit Descartes gilt als entschieden, dass die Rhetorik nicht zur philosophischen Erkenntnis beitragen könne.

Gemäß der in jener Zeit gewonnenen Überzeugung, alle philosophischen Thesen müssten notwendig bewiesen sein, ist die Rhetorik als Hilfsmittel der Philosophie unbrauchbar. Perelman wendet sich gegen eine solche einseitige Betrachtung und fordert überdies, die Rhetorik von der Literatur abzukoppeln, der sie sich seit Petrus Ramus (1515–1572) beständig angenähert hatte. Für ihn liegt der eigentliche Bereich der Rhetorik da, wo es um Werte geht. Damit setzt er die Disziplin zur Wiederentdeckung der praktischen Vernunft ein, denn die Probleme des Handelns habe man entweder auf Probleme der Wahrheit oder der Wahrscheinlichkeit zurückgeführt oder aber sie als außerhalb der Vernunft liegend betrachtet. Die rhetorische Argumentation spiele überall eine Rolle, »wo die praktische Vernunft am Werke ist, selbst dort, wo es um die Lösung theoretischer Probleme geht.« Perelman wehrt sich dagegen, Wahrheit als außerhalb der Eigenschaft der Sätze und unabhängig von der Meinung der Menschen zu betrachten. (Aus dieser Perspektive hatte sich die formale Logik entwickelt.) Im Abstecken seines Untersuchungsgegenstands geht er noch weiter und bezieht jede Art von Kommunikation in seine Betrachtungen ein, auch den inneren Monolog, den er ebenfalls als Argumentation bezeichnet: »eine Rede muss gehört, ein Buch gelesen werden, um etwas zu bewirken. Dies gilt auch für den Dialog der inneren Überlegung, wo derjenige, der die Gründe vorträgt, und jener, an den sie sich wenden, ein und dieselbe Person sind«.

Kommunikationsmodell

Ein Kommunikationsmodell stellt die Bedingungen, Strukturen und den Verlauf von Kommunikationsprozessen dar. Es basiert auf der Grundformel des amerikanischen Soziologen Harold Lasswell von 1948: »*Wer* sagt *was* mit *welchen* Mitteln zu *wem* mit *welcher* Wirkung?« Im einfachen Kommunikationsmodell gibt es Sender und Empfänger, die sich zum Zwecke der Verständigung eines Mediums bedienen. Wie es die klassische Rhetorik vorsieht, ist der Sender dabei eine Person, der Redner, der Empfänger ist das *auditoire*, die Zuhörerschaft, die aus einer oder mehreren Personen bestehen kann, und das Medium ist die Sprache. Nach Perelman gehört auch der Leser in diese Gruppe. Immer bestehe die rhetorische Interaktion als Argumentation in einer zielgerichteten Kommunikationshandlung.

Dem Redner wird geraten, sich auf seine Zuhörer einzustellen, denn »wer nur redet, ohne sich um die Reaktion der Zuhörenden zu kümmern, wird eher als ein vom inneren Dämon getriebener Visionär und nicht als ein vernünftiger Mensch angesehen werden, der seine Ansichten mitteilen möchte«. Immer jedoch zielt die Rede auf Überzeugung ab, und Argumentieren bedeutet »geschickt aus allen zur Verfügung stehenden Möglichkeiten auszuwählen und eine angemessene kommunikative Darbietung zu finden« (Knape).

Das Problem der Mehrdeutigkeit

Jede Argumentationsform bedient sich eines bestimmten Redetyps. Geht es um Beweise, so lautet die Vorschrift, dass es Mehrdeutigkeit zu vermeiden gilt. Andererseits bedient sich jeder Redner einer natür-

Mehrdeutigkeit: Man unterscheidet zwischen lexikalischer und syntaktischer Mehrdeutigkeit. Erstere bezieht sich auf die Unbestimmtheit eines einzelnen Wortes, letztere auf die eines Satzes oder einer Äußerung. So hat das Wort Bank gleichzeitig die Bedeutung (1) Geldinstitut und (2) Sitzmöbel, darüber hinaus verzweigt sich die Bedeutung von (1) zu „Sammelstelle" für z.B. Blut, Organe, Sperma, Daten oder zu Spielbank, während (2) mit Sandbank zur Untiefe wird, eine geologische Schicht meint, eine Ansammlung von Fischen, Korallen, Muscheln oder einen Tisch als Bank bezeichnet, wenn er zur Arbeit bestimmter Berufe eingesetzt wird: Hobelbank, Kürschnerbank. Bei der ersten Unterscheidung handelt es sich um Homophonie, Gleichklang bei unterschiedlicher Bedeutung, bei den Verzweigungen spricht man von Polysemie, vielen Bedeutungen, die sich aber alle auf je eine bestimmte Deutung zurückführen lassen. Die syntaktische Mehrdeutigkeit findet sich auf der Ebene des Satzes: „Die Wahl des Vorsitzenden fand Zustimmung" bedeutet entweder: (1) „Der Vorsitzende wurde gewählt und dies fand Zustimmung" oder (2) „Der Vorsitzende wählte selbst und dies fand Zustimmung". Es ist hier die Kombination an sich eindeutiger Wörter, die Mehrdeutigkeit erzeugt. Mehrdeutigkeit entsteht darüber hinaus durch Betonung. Schon Martin Opitz (1597–1639) lehnte in seinem „Buch von der Deutschen Poeterey" (1624) bewusste oder unbewusste Unsicherheiten in der Sprache strikt ab und forderte Klarheit, die sich jedoch nie schaffen lassen wird. Die Sprache ist voller Beispiele, die die Unmöglichkeit dieser Forderung verdeutlichen – etwa „der beschränkte Leserkreis" oder „der flüchtige Beobachter".

lichen Sprache und daraus ist notwendigerweise Mehrdeutigkeit nicht wegzudenken. Während beispielsweise die Sprache der Mathematik jegliche Mehrdeutigkeit durch Formalisierung zu eliminieren sucht, ist dies bei einer natürlichen Sprache unmöglich. »Ein Zeichen ist oft ein Zeichen für mehr als einen Bedeutungsinhalt«, schreibt der Semiotiker und Sprachwissenschaftler Sidney Lamb, womit er die Mehrdeutigkeit postuliert. Der Philosoph Ulrich Erckenbrecht geht einen Schritt weiter und vertritt die Ansicht, Mehrdeutigkeit sei notwendig, um »die Realwelt zu begreifen und zu beschreiben, ohne den Wortschatz mit Myriaden von Einzelausdrücken für die unzähligen Realitätsteile und Prozesse zu belasten und die Sprache zu einem unförmigen Monstrum zu machen«. Ohne Mehrdeutigkeit sei die soziale und kommunikative Funktion der Sprache nicht denkbar. Perelman rät sogar, Mehrdeutigkeit bewusst einzusetzen, denn jedes Argumentieren benutze sie und spiele mit ihr. Diese bewusste Anwendung findet sich besonders in der Sprache der Werbung, die mit dem Moment der Ambiguität von Wörtern oder Sätzen spielt.

Was ist Wahrheit?

Wahrheit bestimmte stets alle Überlegungen und daraus erwachsenden Konflikte innerhalb der Rhetorik. Für Isokrates war die Rhetorik eine Art praktische oder angewandte Philosophie, eine Instanz in der Welt – als solche diente sie der Wahrheit. Platon vollzog die Trennung von Philosophie und Rhetorik, denn die eine diene der Wahrheitsfindung, die andere jedoch der Lüge. Cicero wollte mit Hilfe einer von Rhetorik bestimmten Kultur diese Trennung, die er als ungerechtfertigt empfand, überwinden. Konfliktpunkt war stets der Wahrheitsbegriff. »Wahre Sätze sind solche, die nicht erst durch anderes, sondern durch sich selbst glaubhaft sind [...]. Wahrscheinliche Sätze aber sind diejenigen, die Allen oder den Meisten oder den Weisen wahr erscheinen«, schrieb Aristoteles in der Topik.

Der 1929 in Düsseldorf geborene **Jürgen Habermas** arbeitete in den 50er Jahren als Assistent von Max Horkheimer und Theodor W. Adorno und ab 1964 als Professor in Frankfurt. Zwischen 1971 und 1981 widmete er sich am Max-Planck-Institut der Erforschung der Lebensbedingungen in der wissenschaftlich-technischen Welt. In seiner Beschäftigung mit handlungs- und kommunikationsteoretischen Problemen wendet sich Habermas wie Max Weber gegen eine Vernichtung menschlicher Lebensverhältnisse durch Technisierung, Bürokratie und Vermassung.

Was also ist Wahrheit? Das, was wahr oder das, was wahrscheinlich ist? Das, was den Menschen als »wahr erscheint« oder was ihnen als wahr angeboten wird? Die Antwort wäre: alles! Unbedingte Wahrheitsansprüche lassen sich wohl ausschließlich in der Natur stellen, innerhalb dieses Rahmens ist wahr, was wahr ist. In der Welt des Sozialen hat man es dagegen mit Normen zu tun, mit dem, was als »wahr erscheint«. Der Philosoph Jürgen Habermas bezeichnet das Umgehen der Menschen miteinander als kommunikatives Handeln; dabei geht es ihm nicht um Verständigung allein oder an sich, sondern vielmehr um Abgrenzung. In einer idealen Sprechsituation, wie er sie versteht, gibt es weder Zwang noch Herrschaft, sondern ausschließlich den »zwanglosen Zwang des besseren Arguments«, das seinerseits den Konsens herbeizuführen vermag. Gleichzeitig stellen die am Diskurs teilnehmenden Personen mit ihrer Art zu reden und dem, was sie sagen, unter Beweis, dass sie zu einer bestimmten sozialen Gruppe gehören oder gehören möchten. In der inneren Welt eines jeden Einzelnen dagegen geht es um Wahrhaftigkeit oder Authentizität. Habermas geht davon aus, dass Wahrheit nicht im Sinne »objektiven« Wissens zugänglich ist. Wahrheit ist also hier wiederum das, was als »wahr erscheint«. Wenn Wahrheit zu dem wird, was den Menschen dafür

Gesellschaft ist für Jürgen Habermas gemeinschaftliches Leben emanzipierter Subjekte, die idealiter einen herrschaftsfreien Dialog führen.

angeboten wird, gilt, was der Philosoph Hans Blumenberg schreibt: »Nicht mehr die Wahrheit hat hier eine Macht, sondern, was Macht über uns hat, legitimieren wir theoretisch als das Wahre.«

Wahrheit ist, das wird deutlich, in Abhängigkeit von einer Reihe von Variablen zu bewerten, zu deren stärksten soziale und historische Gegebenheiten gehören.

Mythenanalyse – Gonsalv K. Mainberger

In Abgrenzung von Konsenstheorien der Wahrheit Habermasscher Prägung entwickelt der Schweizer Philosoph Gonsalv K. Mainberger ein Vernunftkonzept, das von der »prinzipiellen Unerreichbarkeit von Wissen« ausgeht. Anknüpfend an den aristotelischen Begriff der Wahrscheinlichkeit erarbeitet Mainberger ein Konzept, das – eher als der Logik – der Topik folgt und argumentiert, man bringe Sprecher und Hörer durch das »Erwartungsmäßige« zusammen. In seiner Interpretation der Mythenanalyse des französischen Ethnologen Claude Levi-Strauss legt er dar, dass es im Mythos ausschließlich um die Bewältigung des als gegeben zu betrachtenden Tatsächlichen geht und nicht um eine neue Erschließung der Welt. »Der Mythos«, schreibt er, »ist Erinnerung daran, dass es kein eigentlich Gemeintes gibt. Im Mythos ist bereits alles künstlich«. »Künstlich« bedeutet hier vorgefasst, in festen Schablonen präsentiert.

Der französische Ethnologe Claude Levi-Strauss (*1908)

Für Mainberger ist die Rhetorik die »unablässige Anstrengung, die Grenzen der Vernunft zu erweitern; denn schon in den Worten kommt die Vernunft an ihr Ende, wenn es so sein sollte, dass es keine eigentlichen Worte gibt.« Der Mythos wird auf diese Weise zum »geordneten Rückzug des Denkens«, bei dem man sich ans Vertraute, »Erwartungsmäßige« halten könne.

Bezeichnendes und Bezeichnetes

Ferdinand de Saussure (1857–1913) entwickelte das Gegensatzpaar *signifiant – signifié*, Bezeichnendes und Bezeichnetes, also den materiellen, sinnlich wahrnehmbaren Aspekt des sprachlichen Zeichens und des durch ihn bezeichneten Inhalts. Die Beziehung zwischen beiden ist willkürlich und beruht in den meisten Fällen auf Konvention. Das Wort Baum bezeichnet das, was alle dafür halten, an sich aber ist die Verbindung willkürlich.

Die Metapher als allgegenwärtiges Prinzip der Sprache

Zur allgemeinen Zeichenlehre wird die Rhetorik bei dem Literaturwissenschaftler Ivor Armstrong Richards (1893–1979), einem der Begründer des New Citricism in den USA. Ihr wichtigster Teil ist für ihn die Metapher als das »allgegenwärtige Prinzip der Sprache«. In seinen Betrachtungen hat die Metapher durch die von ihr vollzogene Umwandlung der Sprache keine Abbildfunktion, sondern er deutet sie als Erscheinung des produktiven Austauschs von Vorstellungen. Während des metaphorischen Sprachgebrauchs arbeite der menschliche Verstand auf besondere Weise, indem er »Tenor« (den eigentlichen Sinn) und »Vehikel« (den bezeichnenden Gegenstand), wie Richards es nennt, miteinander verknüpfe. Richards geht es um die Kreativität bei der Schaffung der Metapher und nicht um bloße Bildlichkeit wie bis dahin stets postuliert. Am Beispiel der Metapher entwickelt er eine Zeichentheorie, in der die klassischen rhetorischen Kategorien selbst zu Zeichen werden und die Rhetorik zur Lehre dieser Zeichen.

In der zentralen These postmoderner Philosophie verweisen Zeichen nicht länger auf Bezeichnetes, sondern auf andere Zeichen. Bedeutung wird also im eigentlichen Sinne nicht mehr erlangt, vielmehr bewegen sich die Menschen in einer endlosen Zeichenkette.

„Der einsame Baum", Gemälde von Caspar David Friedrich, 1822

Das Wort *Baum* bezeichnet das, was alle dafür halten.

Die Wirkung der Metapher, schreibt Göttert, kann »im Gegensatz zur früher so sehr geschätzten Ähnlichkeit sogar direkt auf der *Un*ähnlichkeit des Verknüpften beruhen«. In der Metaphernbildung wird die Welt nicht nur anders dargestellt, sondern sie ist Beweis der kreativen Tätigkeit und der kunstfertigen Verbindung von sonst nicht zusammen verwendeten Elementen.

Die Metapher als Befreiung des Denkens

Auch der 1996 verstorbene deutsche Philosoph Hans Blumenberg wendet sich gegen die klassische Auffassung von der Metapher als bloßem Redeschmuck, der einzig auf die Wirkung der sprachlichen Äußerung abzielt. Metaphern lassen sich nach Blumenberg nicht in Begrifflichkeiten auflösen, sondern liefern dem Denken darüber hinaus gehende Möglichkeiten. Das bedeutet, dass menschliches Denken in den meisten Fällen als in Abhängigkeit von festen Strukturen betrachtet wird, zu denen auch und vor allem historische und soziale Bedingungen zählen.

Die Metapher als normale Sprechweise

Nietzsche betrachtete jede Rede als im Prinzip figürlich. Schließt man sich dem an, bedeutet dies, dass die metaphorische oder allegorische Sprechweise im Gegensatz zur grammatischen oder buchstäblichen Rede öfter vorkommt und unsere Sprache bestimmt. Ebenso also, wie man davon ausgehen kann, dass die meisten Aussagen im Sinn der Schulgrammatik nicht korrekt sind und »ungrammatische« oder durch Dialekte gefärbte Rede überwiegt, ist die metaphorische Rede die natürlichere und die, die man eher erwarten kann. Der französische Philosoph der Dekonstruktion, Jacques Derrida, bezeichnet die Metapher als »ein Transportmittel von Bedeutung, dessen wir uns ständig bedienen, das wir aber nicht kontrollieren. Die Metapher kontrolliert uns, denn sie ist die natürliche Art zu reden«. Anders ausgedrückt heißt dies, dass eine nicht-metaphorische Rede als Veränderung der »normalen« Rede zu betrachten ist, als Abweichung.

Dekonstruktion
„Dass die (notwendige) figürliche Sprache prinzipiell undurchdringlich bleiben muss, oder anders gesagt: dass es statt der Vergewisserung von Sinn nur eine Art Zuschauen bei seinem Zustandekommen gibt, macht den Ansatz einer Theorie aus, die sich selbst unter den Titel ‚Dekonstruktion' stellt" (Göttert). Das dekonstruktive Verfahren geht davon aus, dass der „Bau" des Sinns nicht ohne „Gerüst" zu gestalten ist. Sinn kommt nur in einem Modell von Sinn zustande. Zugriff auf Sinn gibt es in dieser Philosophie nie direkt, sondern immer nur vermittelt.

Der französische Philosoph Jacques Derrida hält am 15. Februar 2003 in Heidelberg den Festvortrag bei der Gedenkfeier zum einjährigen Todestag von Hans-Georg Gadamer.

Als Beispiel für das Überwiegen grammatisch »falscher« Sätze sei die Steigerung gegeben. In der Komparation muss es normativ »größer *als*« heißen (Die Türkei ist größer *als* Deutschland). Als »falsch« wurde über die Jahre immer »größer *wie*« verwendet. Diese »falsche« Form, die in vielen Dialekten des Deutschen als »richtig« gilt, wurde und wird fast öfter verwendet als das »richtige« *als*. So lange, bis der Duden sie zur ebenfalls richtigen Form aufwertete, und sie nun normativ neben *als* steht. Seit einigen Jahren ist beides »richtig«. Für den unreflektierten Sprecher aber – und jeder normale Sprecher einer Sprache ist im Prinzip unreflektiert, was die Sprache angeht – wird weiterhin als »richtig« verwendet, was schon immer gebraucht wurde.

Im Bereich der metaphorischen Sprache sei auf die Bezeichnungen und Anreden von Frauen und Männern verwiesen. Wohl in den wenigsten Fällen beziehen sich Frauen auf Männer als *Männer* und umgekehrt Männer auf Frauen als *Frauen*; die beiden Bezeichnungen werden in den meisten Fällen durch metaphorische Ausdrücke ersetzt.

Metaphern als Schnörkel

Folgt man dieser Argumentation nicht und betrachtet die figürliche Rede als Veränderung der wahren Wirklichkeit der Sprache, als Schnörkel gleichsam, bleibt der metaphorische Sprachgebrauch eine Art von Nebensprache – eben die Ausnahme –, die entweder nicht ernst genommen oder gar als Störung betrachtet wird, denn dann ist es die nicht-metaphorische, die »echte«, »buchstäbliche« oder »grammatische« Sprache, die unser Denken und unsere Welt bestimmt. So jedenfalls argumentiert im Gegensatz zu Jacques Derrida der belgische Dekonstruktivist Paul de Man. Da weder Grammatik noch Logik das Fundament der Rhetorik darstellten, bleibe alles, was in Beziehung zur Rhetorik zu setzen ist, und dazu gehört für ihn der metaphorische Sprachgebrauch, verzichtbarer Schmuck. Gleichzeitig sieht er die, nennen wir es

Undeutlichkeit der Sprache als Kommunikationsmittel, und so hat für ihn alles, was in Sprache ausgedrückt wird, keine letzte Bedeutung, und er schließt, dass sich aus dieser Undeutlichkeit ein Problem der Verantwortung ergebe, des verantwortungsbewussten Umgangs mit dem Wort auf der Grundlage einer Achtung des zu vermittelnden Inhalts. Andererseits zögert de Man nicht, die »rhetorische, figurative Macht der Sprache mit Literatur selber gleichzusetzen«. Aber Literatur befindet sich zwischen zwei Buchdeckeln und ist als solche eingesperrt, unser tägliches Leben bestimmt sie nicht.

Tübinger Schule

In den meisten Fällen findet rhetorische Forschung an deutschen Universitäten innerhalb der verwandten Disziplinen statt, so in der Philosophie, den verschiedenen Philologien, der Kommunikationswissenschaft oder der Semiotik. In Tübingen entwickelte man mit dem 1963 eingerichteten Lehrstuhl für Allgemeine Rhetorik das Konzept eines nicht an einen bestimmten Beruf orientierten Studiums und bietet eine Ausbildung zu umfassender rhetorischer Kompetenz auf der Grundlage der klassischen Rhetorik. Das Konzept der Tübinger Rhetorik bedeutet die Wiederherstellung der traditionell fächerübergreifenden Rhetorik mit ihrem umfassenden Verständnis als Bildungssystem wie auch gleichzeitig als Theorie wirkungsbezogener menschlicher Kommunikation, die in der angewandten Rhetorik ihre Praxis findet.

Walter Jens – von 1963 bis 1988 hatte er den Lehrstuhl für Allgemeine Rhetorik an der Universität Tübingen inne. Sein Nachfolger wurde Gert Ueding.

In erster Linie geht es bei diesem Konzept um »Wirkungsintentionalität«, wie Walter Jens es nennt. In ihrem umfassenden Anspruch geht die Rhetorik jedoch schließlich über diese Intention hinaus und gewinnt einen humanistischen Anspruch. In letzter Instanz zielt sie auf die Selbstverwirklichung des Menschen ab. Nicht als Kunst der affekterregenden Figuren, sondern als Theorie argumentativer Verständigung versuchte man in Tübingen die Rhetorik auch philosophisch zu rehabilitieren.

Obgleich nicht zur Tübinger Schule gehörend, bezeichnet der Hermeneutiker Hans-Georg Gadamer die Rhetorik fast programmatisch in diesem Sinne als eine »fundamentale Funktion innerhalb des sozialen Lebens«, als »Anwalt eines Wahrheitsanspruchs [...], der das Wahrscheinliche [...] und das der gemeinen Vernunft Einleuchtende gegen den Beweis- und Gewissheitsanspruch der Wissenschaft verteidigt«.

Anwendungs- und Gebrauchs-Rhetorik

Besonders in der Erwachsenenbildung und im Verkaufs- und Manager-Training wurde ab den 60er Jahren zunehmend die Rhetorik eingesetzt. Auch in der Politik wächst, gesteuert durch die Massenmedien, mit der Erzeugung eines Personenkults das Bedürfnis nach Rhetorik. Angestellte sollten sich sicher und gewählt ausdrücken können, letztlich orientiert am Ziel der Profitmaximierung. Die Rhetorik wurde instrumentalisiert und auf einprägsame Formeln reduziert, so etwa in der von Peter Ebeling entwickelten AIDA-Formel: **A**ufmerksamkeit, **I**nteresse, **D**efinition der Grundgedanken, **A**bschluss. Zitatensammlungen oder Anleitungen für die Verbesserung des Wortschatzes werden mit in diese Ratgeber aufgenommen, um der Rede den Anstrich von »Bildung« zu vermitteln. Darüber hinaus gibt es Anweisungen für politisch korrekte Rede, Körpersprache, Blickkontakt, Gestik und Mimik. In jeder gut sortierten Buchhandlung finden sich des weiteren Anleitungen für das Verfassen von Geschäftsbriefen, Bewerbungsschreiben, Lebensläufen. Man geht gemeinhin von der Annahme aus, dass selbstsicheres und angstfreies Reden und Auftreten das Ergebnis rhetorischer Schulung sei.

Männersprache – Frauensprache

Der sprachliche Umgang mit Frauen ist ein eigenes Thema von Rhetorik-Seminaren geworden. Dabei geht es um die Art und Weise, wie Frauen untereinander und mit Männern, aber vor allem auch darum, wie Männer mit Frauen reden. Die Linguistin Senta Trömel-Plötz schreibt: »Was Frauen sagen, wird einfach anders bewertet. Und diesen Bewertungen folgen andere Reaktionen unserer Gesprächspartner und Gesprächspartnerinnen, als wenn ein Mann das gleiche sagt. Um sich trotzdem Gehör zu verschaffen, reden die Frauen ganz anders als die Männer«, sie hätten sich eine »Sprache der Abschwächung«, der Entschuldigung angewöhnt. Der Ratgeber-Autor Manfred Lucas bezeichnet Frauensprache als »Fremdsprache«, die es für Männer zu erlernen gelte, damit sie erfolgreich mit

Vier Empfehlungen für Frauen als Diskussionsteilnehmerinnen oder Rednerinnen von Manfred Lucas:

„(1) Wenn Frauen vor anderen reden, was auch heute noch im Verhältnis zu Männern nicht gleich häufig ist, so sind sie immer noch einer Menge von haltlosen Vorurteilen ausgesetzt. Achten Sie daher in wichtigen Situationen zunächst einmal auf ein angemessenes äußere Erscheinungsbild! Sie brauchen dazu nicht einen ‚Image-Beraterin' zu gehen; Sie werden selbst am besten wissen, welche Art Bekleidung angemessen ist. Untersuchungen zum Thema ‚Wie schön darf Frau sein' zeigten, dass Frauen um so kompetenter eingeschätzt wurden, je weniger feminin ihre Erscheinung war. Frauen, die betont feminin gekleidet sind, werden als weniger managerlike empfunden.

Für Frauen ist Schönheit nur im Zusammenhang mit einem typisch weiblichen Thema hilfreich. Attraktiven Frauen werden viele wünschenswerte persönliche Merkmale zugeschrieben – mit Ausnahme all derer allerdings, die für einen Ausbruch aus der vorgegebenen Geschlechtsrolle nötig sind.

Konservative Kleidung, wenig Make-up, eher ‚geschlechtneutral': So lauten die leider noch häufig gültigen Normen für Rednerinnen, die es schaffen wollen. Es geht sogar so weit, dass attraktive Frauen, die ihr Aussehen durch feminine und gepflegte Kleidung unterstreichen, als Führungskräfte kaum oder keine Chancen haben.

(2) Für Frauen (wie auch für Männer) ist es wichtig, bei dem, was Sie zu sagen haben, eine gemeinsame Basis des Einverständnisses mit der Zuhörerschaft zu erreichen. Daher fühlen Sie sich in Ihre Zuhörer ein: Warum sind sie gekommen? Was wollen sie hören?

(3) Vermeiden Sie unbedingt alle Unsicherheitsfloskeln (‚Ich meine ja auch nur…', ‚ich bin nicht ganz sicher…', ‚wenn ich mir hier als Frau ein Urteil erlauben darf…' u.ä.). Betreiben Sie auf keinen Fall demonstrative Selbstverkleinerung (‚fishing for compliments') oder andere Arten der Selbstabwertung, selbst wenn Ihnen vor Lampenfieber die Sprache zu versagen droht.

(4) Männer sprechen eher tiefer, sonorer, Frauen dagegen etwas höher. Die Konsequenz daraus ist, dass die weibliche Stimme bei Aufregung, bei hektischen Diskussionen, in der Entgegnung von Zwischenrufen, vor einem angeregten Auditorium höher, schärfer, schneidender und schriller klingen kann und damit für die Ohren mancher – meist männlicher – Zuhörer schwer erträgbar ist. Die Folge: Ihre rednerische Kompetenz wird geringer manchmal so gering, dass es, wie im Deutschen Bundestag, zu Zwischenrufen kommt, in denen von ‚kreischenden Emanzen' gesprochen wird. Solche Bemerkungen kommen zwar aus einer bestimmten Ecke, aber Sie sollten sich im aufgeregten rhetorischen Gefecht immer so unter Kontrolle haben, dass Sie niemandem Gelegenheit zu derartigen, diffamierenden Äußerungen geben. Sie erreichen es vielleicht dadurch, dass Sie ruhiger, langsamer und betonter sprechen, statt sich zu einer schnellen und lauten Äußerung verleiten zu lassen."

Rosa Luxemburg bei einer Rede zum Internationalen Sozialistenkongress in Stuttgart, 1907

dem anderen Geschlecht kommunizieren können, und die aus der Frauenperspektive modifiziert werden müsse, um erfolgreiche Verständigung mit Männern zu gewährleisten, wobei Erfolg hier wiederum Verkaufs- oder Durchsetzungserfolg bedeutet.

Ausblick

Friedrich Nietzsche sagte, die rhetorische Praxis seiner Gegenwart sei nichts als »Dilettantismus« gewesen, »rohe Empirie«. Das ist weit über einhundert Jahre her. Dasselbe ließe sich heute sagen. Neben der relativ hermetischen wissenschaftlichen Beschäftigung mit der Disziplin fließt die Hauptenergie in Praktisches, in Anwendungen zur sozialen und politischen Verschleierung, in die Werbung, in Verkaufsgespräche und -strategien. In den beiden Letzteren beispielsweise gilt als rhetorische Leistung, heute vor einem Verkaufsabschluss zu sagen, der Kunde solle seinen Namen auf der gepunkteten Linie so schreiben, wie er es normalhin tue, statt zu sagen: »Unterschreiben Sie hier«; innerhalb der politischen Verschleierung feiern Ausdrücke wie »friendly fire« große Erfolge, ein Euphemismus, der den Tod von Soldaten durch Angriffe aus den eigenen Reihen als »freundlich« rechtfertigt oder entschuldigt: »Es war nicht so gemeint!«.

Rhetorik ist heute, dass »Saddam« als Rechtfertigung einer amerikanischen Hegemonialpolitik dient, dass Menschen glauben, Wäsche werde bei 60°C weißer als bei 40, dass Deutschland den Superstar sucht, und dass schöne Brüste bei Frauen besser als schöne Gedanken sind (nichts gegen schöne Brüste – aber alles für schöne Gedanken). Rhetorik ist, dass die Menschen lernen müssen, auf diesen ganzen Unsinn eine Antwort zu finden, denn PISA ist heute, kluge Argumente erfreuen uns hoffentlich morgen. Im öffentlichen Bereich hat sich die Kommunikation des Einzelnen weitgehend aufgelöst, ist institutionalisiert worden, sprechen doch heute vor allem in der Werbung und in der Politik nicht mehr Einzelwesen oder Autoren, sondern Gruppen als Repräsentanten von Institutionen; Reden werden von anonymen Verfassern geschrieben und von den wirtschaftlichen oder politischen Repräsentanten vorgetragen.

Gehörte für die Griechen die Rhetorik noch in den Bereich des *agon*, des kämpferischen Wettstreits, so ist sie heute weitgehend der Geschwätzigkeitskultur, der Nabelschau eines Big Brother unterlegen, wenn sie friedlich, und einem George W. Bush, wenn sie aggressiv ist. Diese tragen den Sieg davon.

George W. Bush – reden für den Krieg

Harald Schmidt, Vertreter der Nabelschaukultur

DEFINITIONEN

In diesem Teil werden die wichtigsten rhetorischen Stilmittel und Tropen definiert und erläutert. Es sei darauf hingewiesen, dass keine dieser Definitionen an sich, d. h. unter Ausschluss der anderen existiert, die Übergänge sind fließend. Aus diesem Grund sind die Texte zu den einzelnen Schlagwörtern und die dort gegebenen Beispiele richtungweisend, sie sollen das darstellen, was die klassische Rhetorik an Handwerkszeug zur Verfügung gestellt hat. Ein Problem der Rhetorik (wie anderer Wissenschaften) war und ist das unbedingte Festhalten an den Fachtermini. Generationen von Schülern und Studenten hassen beispielsweise Grammatik, weil sie im Unterricht oftmals aus dem Auswendiglernen ihrer Terminologie besteht. Ebenso wie die Grammatik existiert auch die Rhetorik vor allem außerhalb ihrer Schlagwörter und es geht nicht um das bloße Aufzählen (und Auswendiglernen) von Ausdrücken, sondern darum, die Funktion der einzelnen Mittel zu verstehen, um sie selbst anwenden oder sie im Text der anderen analysieren zu können, also beispielsweise verstehen zu können, weshalb eine Kampagne wie »BILD Dir Deine Meinung!« noch immer öffentlich geschaltet wird.

„BILD Dir Deine Meinung!"

Keine Wissenschaft ist ein fertiges Produkt, sondern muss immer als ein Prozess betrachtet werden, zu dessen Weiterführung auch dieses Buch beitragen soll. Der anonyme Autor der »Rhetorik an Herennius« sagt es vor über 2000 Jahren deutlich: »Alle Möglichkeiten, dem Ausdruck Glanz zu verleihen, habe ich eifrig gesammelt; wenn du dich darin, mein Herennius, mit einiger Gewissenhaftigkeit übst, kannst du Feierlichkeit, Würde und Gefälligkeit in deiner Redeweise besitzen, so dass du klar sprichst, damit die Gedanken, die du auffindest, nicht nackt und ohne Schmuck in gewöhnlicher Umgangssprache vorgebracht werden.«

Allegorie

Als »bildlicher Ausdruck« lässt sich das griechische *allegorein* übersetzen, wörtlich »das Anderssagen«. In der antiken Rhetorik ist die Allegorie eine Gedanken- oder Stilfigur, die eine abstrakte Vorstellung bildlich darstellt. Im Unterschied zum ▸ Symbol »bedeutet« ein solches Bild nicht das Gemeinte, sondern »ist« es. Sehr oft handelt es sich um ▸ Personifikationen in Mythologie, Malerei oder Dichtung, aber auch in anderen Kunstformen. So werden z.B. Naturerscheinungen oder Vorgänge als Personen wiedergegeben, man denke an den Tod als Sen-

Allegorie des Reichtums, Gemälde von Simon Vouet, um 1640, Paris, Musée du Louvre

senmann, die Liebe als Amor, das Gesetz als Justitia. Johann Gotthelf Lindner (1729–1776) bezeichnete Allegorien als »fortgeführte Metaphern«, da in einer Allegorie ein metaphorischer Ausdruck zu einem vollständigen Bild ausgebaut wird und sich auf den gesamten Text bezieht.

Zum Teil mussten für die Deutungen der verschiedenen Allegorien Wörterbücher angelegt werden, um etwa verstehen zu können, was mit dem *brennenden Dornbusch* gemeint war. In der Forschung geht man davon aus, dass jeder mittelalterliche Theologe gewusst habe, was sich hinter den verschiedenen Bildern verbarg, ein Wissen, das sich Laufe der Jahrhunderte verloren habe. Somit sei, was uns heute exotisch und völlig verschlüsselt erscheint, vor einigen hundert Jahren fast Gemeingut gewesen. ▸ Personifikation

Anaklasis

Die Anaklasis ist eine Wiederholung im Dialog, ein Wort oder eine Wortgruppe wird durch den Gesprächspartner wiederholt, um ihm ▸ Emphase zu verleihen: »›Wenn ich Euch Bescheidenheit geben könnte, würd ich Eure Sache gut machen.‹ ›Gut machen! Wenn Ihr das könntet!‹« (Goethe, »Götz von Berlichingen«).

Ausbruch des Ätna im Jahr 2001:
Der Vulkan dröhnte, der Vulkan drohte, der Vulkan explodierte.

Anapher

Bei dieser Stilfigur der antiken Rhetorik werden gleiche Wörter oder Satzstrukturen am Anfang aufeinander folgender Sätze oder Verse verwendet, um eine Steigerung des Eindrucks des Gesagten zu erzielen: *Der Vulkan dröhnte, der Vulkan drohte, der Vulkan explodierte.* ▸ Epipher

Antistasis

Die Antistasis setzt man ähnlich wie die ▸ Diaphora zum Spiel mit verschiedenen Bedeutungen eines Wortes ein, indem es neben der gängigen Bedeutungen mit dem Ziel der ▸ Emphase in abweichendem Sinn gebraucht wird: »Ein Schlachten wars, nicht eine Schlacht zu nennen« (Schiller).

Ein Bild des im März 1968 während des Vietnamkriegs verübten Massakers von My Lai, das erst ein Jahr später bekannt wurde.

Antithese

Die Antithese ist die stilistische Gegenüberstellung von Begriffen, Urteilen oder Aussagen in Wörtern oder Wortgruppen: »Der Wahn ist kurz, die Reu' ist lang.« (Schiller). In der Umgangssprache wird sie eingesetzt, um den Rahmen eines bezeichneten Spektrums zu definieren: *über kurz oder lang, Unterhaltung für alle: für jung und alt*. Dieses Stilmittel wurde in der Dichtung, besonders in der barocken Dichtung, oft eingesetzt, um innere Zerrissenheit, Zwiespalt oder Spannung anzudeuten. ▶ Isokolon, ▶ Chiasmus, ▶ Hyperbaton, ▶ Parallelismus und ▶ Trikolon

Antonomasie

Diese Stilfigur der antiken Rhetorik bezeichnet die Umschreibung eines Eigennamens durch einen allgemeinen Ausdruck. So spricht man beispielsweise von Gott als dem *Allmächtigen*. Diese neue Bezeichnung kann eine Teil-vom-Ganzen-Beziehung darstellen (▶ Pars pro toto), etwa *Barbarossa*, Rotbart, für Kaiser Friedrich I., oder eine ▶ Periphrase, *Ewige Stadt* für Rom, eine *Um*schreibung oder *Be*schreibung also.

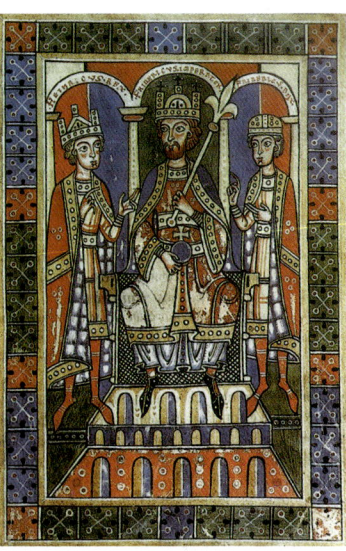

Barbarossa, Rotbart, steht für Kaiser Friedrich I. Links und rechts seine zwei Söhne König Heinrich VI. und Herzog Friedrich von Schwaben, Miniatur in einer Handschrift des 12. Jahrhunderts

Oft jedoch spielen für eine Umbenennung andere Motive eine Rolle; so darf in vielen Religionen der Name Gottes nicht ausgesprochen und muss darum umschrieben werden, etwa mit der *Schöpfer der Welt*. Auch darf er nicht im profanen Umfeld erscheinen und muss darum ersetzt werden. Persönliche Namen waren ebenfalls nicht immer Gemeingut; den Namen eines unter seinem Helm verborgenen Ritters im Mittelalter zu kennen, bedeutete, etwas *über* ihn zu wissen, weshalb sich in der Minnedichtung oft Namen wie *Der Schwarze Ritter* finden.

Rom, hier eine Ansicht des Petersdoms mit der Engelsbrücke davor. Der Eigenname der Stadt wird in einer Periphrase durch *Die ewige Stadt* umschrieben.

Aposiopese

Unter Aposiopese (griech. *aposiopesis*, das Verstummen) verseht man den »plötzlichen Abbruch des Satzes aus rhetorischen, stilistischen oder Höflichkeitsgründen« (Hadumod Bußmann), was auch als »hyperbolisches Schweigen« bezeichnet wird.

Apostrophe

Die Apostrophe (griech. *apostrophos*, abgewandt) ist die plötzliche Abkehr des Redners von seinem Publikum, um sich einem neuen, eventuell gar nicht vorhandenen Auditorium zuzuwenden. Auf diese Weise wird mit den Gefühlen des anwesenden Publikums gespielt, die Schlussfolgerung soll sein: »Wer sich so engagiert, muss wirklich von seiner Sache überzeugt sein« (K.-H. Göttert). In der Gerichtsrede wendet sich der Redner von den Richtern ab und den Prozessgegnern zu. Oft werden auch innerhalb einer Rede Gottheiten direkt angesprochen oder um Hilfe angegangen. Ebenso wie bei der ▶ Lizenz handelt es sich bei der Aposthrophe um eine ungewöhnliche rhetorische Strategie der Rede, ein spezielles argumentatives Manöver.

Aptum

Das Aptum, die Angemessenheit, ist die »zentrale Tugend im Bereich der sprachlichen Darstellung« (K.-H. Göttert). Quintilian war der festen Überzeugung, dass in der Sprache die Ordnung der Welt bestätigt werden müsse, eine Forderung, die uns heute mehr als naiv erscheint. In der antiken Rhetorik jedoch war man der Ansicht, nichts könne wirken, was der Ordnung der Dinge widerspreche. Gerade weil die Rhetorik als Werkzeug der Manipulation missbraucht werden kann, liegt in der Angemessenheit eine Art der Sicherung der Tugend verborgen. Platon schrieb: »Die Redekunst ist die Meisterin in der Überredung und ihr ganzes Geschäft und ihre Haupttätigkeit [läuft] darauf hinaus.« Im Sprachhumanismus war man davon überzeugt, das Wohl menschlicher Gemeinschaft hänge in erster Linie von Verständigung ab. Im 17. Jahrhundert vollzieht sich dann ein Wandel – jetzt wird als angemessen das betrachtet, was erfolgreich ist, private Interessen ersetzen die Ordnung der Dinge. Dies ist bei allen Angriffen auf die Rhetorik immer ihre schwächste Stelle gewesen.

Attika und Kleinasien, nach denen der ausgeschmückte Asianismus und der einfache Attizismus benannt wurden.

Asianismus – Attizismus

Als Asianismus bezeichnet man diejenige Richtung der antiken Rhetorik, die durch einen »schwülstig-pathetischen Stil, ein Übermaß an rhetorischen Kunstmitteln und einen unruhigen Satzrhythmus geprägt war« (Der Große Brockhaus). Im Gegensatz hierzu ist der Attizismus charakterisiert durch stilistische Einfachheit und Sachlichkeit; der Name stammt vom griechischen Attika, der Heimat der bedeutenden athenischen Redner.

Asyndeton

Das Asyndeton (griech. *a-syndein*, [Negation] zusammenfügen) ist eine Reihe gleichgeordneter Wörter, Satzteile oder ganzer Sätze ohne Verbindungen durch Konjunktionen (Gegensatz ▶ Polysyndeton): »Alles rennet, rettet, flüchtet« (Schiller). »Für den Schluss [der Rede] eignet sich stilistisch das Asyndeton, damit es als Schlusswort ersichtlich ist und nicht als Rede: ›Ich habe gesprochen, ihr habt es gehört, ihr wisst Bescheid, entscheidet!‹« (Aristoteles)

Julius Cäsar: *veni, vidi, vici* (ich kam, sah, slegte)

Barbarismus

Barbarismen (griech. *barbaros*, ausländisch, roh) sind Verstöße gegen die richtige Form auf der Ebene einzelner Wörter. Oft ist damit die Verwendung eines falsch eingesetzten ▸ Fremdworts gemeint, das in die Rede fließt, um dem Redner mehr Prestige zu verleihen und seine Rede aufzuwerten. Das Ergebnis ist das Gegenteil. Es handelt sich meist um lateinische Wörter, die den Anstrich von Bildung erzeugen sollen, da Latein als Kirchensprache und Sprache der Wissenschaften und damit eher als Fach-, denn als Fremdsprache galt. ▸ Metaplamus.

Chiasmus

Als eine sich auf die Position von Satzgliedern beziehende rhetorische Figur bezeichnet der Chiasmus die Überkreuzstellung von Satzglieder. So können etwa Subjekt und Prädikat in zwei gleich gebauten Sätzen in der Form a – b und b – a wiedergegeben werden: »Die Kunst ist lang, kurz ist das Leben« (Goethe). Diese Form, die der Ausschmückung der Rede dient, wirkt oft künstlich und überladen. ▸ Isokolon, ▸ Hyperbaton, ▸ Parallelismus und ▸ Trikolon.

Diaphora

Der Terminus geht zurück auf das griechische *diapherein*, einen Unterschied machen, und bezeichnet in der Rhetorik die Betonung und Darlegung der Verschiedenheit zweier Dinge. Als Wiederholungsfigur spielt die Diaphora, ähnlich wie die ▸ Antistasis, mit den verschiedenen Bedeutungen und Verwendungsarten eines Wortes, indem dieses, allerdings in einer abweichenden Bedeutung, wiederholt wird: *Jede Zeit hat ihre Zeit.*

Double bind

Was mit dem englischen *double bind*, also »Doppelbindung« gemeint ist, wird in der umgangssprachlichen Übersetzung dieses psychologischen Terminus deutlich: »Beziehungsfalle« und »Zwickmühle«. Im Rahmen der Schizophrenieforschung wurde dieses Phänomen von Gregory Bateson und Paul Watzlawick beobachtet und analysiert. Es bezeichnet ein krankhaftes Verhaltensmuster innerhalb einer Kommunikationssituation, bei der eine in der Regel emotional abhängige Person zwei nicht zu vereinbarende oder sich widersprechende Aufforderungen erhält.

Watzlawick beschreibt den Fall der Frau, die zum Ehemann anklagend sagt: »Nie schenkst du mir Blumen.« Schenkt der Mann nun Blumen, wird sie sagen: »Das tust du nur, weil ich es gefordert habe.« Schenkt er keine, sagt sie: »Siehst du, nie schenkst du mir Blumen.« (Watzlawick). Meist jedoch

„Nie schenkst du mir Blumen".

handelt es sich um eine Eltern-Kind-Beziehung, in der das Kind nicht in der Lage ist, die Kommunikationssituation zu verlassen oder sich mit der paradoxen Handlungsanweisung auseinander zu setzen oder sie nachzuweisen. Das Ergebnis sind womöglich schizophrene Symptome, die, ausgelöst durch die gegensätzlichen sprachlichen oder außersprachlichen Botschaften (Gestik, Mimik), den Hörer in einer Art von Ohnmacht zurücklassen. Freundliche Worte bei abweisendem Blick oder mit aggressiver Gestik verbundene Einladungen sind Formen dieser oft als Strategie eingesetzten Handlungsweise, die den krank machen kann, der sich der

Paradoxie der Situation nicht zu entziehen vermag. Die Erzeugung dieses Zustands kann sehr wohl mit rhetorischen Mitteln geschehen.

Goethe in seinem Arbeitszimmer, Gemälde von Johann Joseph Schmeller, 1831. Der Dichter sucht „zum Allgemeinen das Besondere".

Deduktion

Eine Deduktion ist eine Schlussfolgerung vom Allgemeinen auf das Besondere. Deduktive Argumente nennt Aristoteles »Gründe«, induktive »Beispiele«. Er gibt eindeutig den deduktiven Argumenten den Vorzug. Der ▶ Syllogismus ist ein Spezialfall aus dieser Gruppe. ▶ Induktion

Descriptio

Besonders im Mittelalter verselbstständigte sich die Beschreibung oder *Descriptio* und wurde zu der fast formelhaften Anwendung einer festgelegten ▶ Topik, indem sie sich immer wieder derselben Versatzstücke bediente, Beschreibungen von Sachen, Personen, Schlachten, Katastrophen, aber auch Formeln für Gebete und Beichten sahen fast immer gleich aus.

Ellipse

Das griechische Wort *ellipsis* bedeutet Mangel, das rhetorische Prinzip meint eine Auslassung oder Aussparung von eigentlich notwendigen Teilen der Rede, die aber jeweils aus dem Kontext oder aus der Redesituation rekonstruierbar sind. Es gibt allerdings formelhafte Ausdrücke, die sich in den allgemeinen Sprachgebrauch so eingegliedert haben, dass bei ihnen nicht mehr erkennbar ist, dass es sich um Auslassungen handelt. So ist der Gruß *Guten Morgen* der Rest des eigentlichen Satzes: *Ich wünsche (Ihnen) einen guten Morgen*. Wie sonst

„Benimm dich!"

sollte sich die Endung des Adjektivs auf »en« erklären? Wenn eine Mutter ihrem Sprössling zuruft: *Benimm dich!* so fehlt hier bestimmt nicht *schlecht*, sondern – wie es jeder, auch der Sprössling, versteht – *gut*. In amtlichen Wendungen wird oft das Subjekt weggelassen. *(Ich) Teile Ihnen mit, dass...* Elliptisch sind häufig auch Zeitungsschlagzeilen, Telegramme und Aphorismen. Besonders aber ist es die Sprache der Befehle und Kommandos, die sich der Auslassung bedient *Platz!* zum Hund, *Fresse!* um jemanden zum Verstummen zu bringen.

Ellipsen sind nur dann möglich, wenn sie das Verstehen des Gesagten nicht gefährden, es sei denn, sie werden als Mittel der sprachlichen Manipulation eingesetzt, etwa wenn eine Reiseagentur eine Anzeige schaltet, in der es heißt: *Noch zwei Plätze frei!*, wenn es in Wirklichkeit weit mehr gibt. Der Satz ist auch grammatisch eine Ellipse, weil er kein Verb enthält. Die Ver-

mutung liegt nahe, dass hier eine Ellipse verwandt
wurde, um dem Kaufanreiz Dringlichkeit zu verleihen.

Abgesehen jedoch von seiner manipulativen Funktion, wird die Ellipse zur Spannungserzeugung im
Vortrag oder Text eingesetzt. ▶ Zeugma

Emphase

In der allgemeinen Rede ist die Emphase
(griech. *emphasis*, Verdeutlichung) eine Hervorhebung oder Verdeutlichung mit sprachlichen Mitteln wie Betonung und Stimmhe-
bung und nicht-sprachlichen wie Gesten und
Mimik. Der Hörer oder Leser soll etwas verstehen, was nicht ausdrücklich gesagt wird
oder von dem der Sprecher oder Autor will,
dass es so und nicht anders verstanden wird.
Als rhetorische Figur im engeren Sinne
bezeichnet diese ▶ Trope der antiken Rhetorik »die Erweiterung eines Wortes oder Ausdrucks um eine Bedeutungsdimension, die
dieses Wort an sich gar nicht besitzt« (C. Ottmers).
»Ein Mann steht vor dir« (Schiller). Natürlich ist der
Sprecher ein Mann, die Wendung will sagen: »Ein
ganzer Mann steht vor dir, also respektiere ihn«. Gleichzeitig transportiert dieser Ausruf alle Gemeinplätze,
die in ein Bild von Mann und Frau in der jeweiligen
Zeit passen. Zur Verwendung der Emphase siehe auch
den Text von Oscar Wilde, S. 173–174. ▶ Ironie

„I want YOU for U.S.
Army"

Enthymem

Diese Form des Beweises ist eine Kurzform des ▶ Syllogismus, die statt drei nur zwei Glieder verwendet und
Folgerungen auf der Basis des im ersten Satz Genannten
zieht. Oft wird das Enthymem als unvollständiger Schluss
bezeichnet, weil seine Voraussetzung in Gedanken zu er-
gänzen ist. Ein Beispiel aus der Rhetorik des ▶ Aristoteles: »sich mäßigen ist gut, zügellos leben ist schädlich«.
Beide Aussagen gewinnen aus der Evidenz der jeweils
anderen ihre Aussagekraft – die Vorteile der Mäßigung
ergeben sich aus der Schädlichkeit des Lotterlebens.

Epanelepse

Die Epanelepse (griech. *epanalepsis*, Wiederaufnahme) ist die Wiederholung eines Ausdrucks zur »pathetischen Ausdruckssteigerung« (Gero von Wilpert): »Gott, Gott, erbarme dich unser« oder »Lass sausen durch den Hagedorn, lass sausen, Kind, lass sausen« (Gottfried August Bürger). Im Gegensatz zur überflüssigen Reihung des ▶ Pleonasmus ist die Epanelepse eine positiv bewertete Figur.

Epicheirem

Das Epicheirem ist ein deduktives Argumentationsmuster und unterscheidet sich nach Quintilian »durch weiter nichts vom Syllogismus als dadurch, dass der Syllogismus zum ersten mehrere Erscheinungsformen besitzt und zweitens Wahres durch Wahres erschließt, während die Verwendung des Epicheirems häufiger bei nur Glaubhaftem sich findet«. Setzte Cicero für das Epicheirem noch fünf Teile an, nennt Quintilian nur drei: (a) Ansatz (*intentio*), worauf die Frage abzielt, (b) stützende Annahme (*adsumptio*), Begründung und (c) Verknüpfung (*conexio*), das Ergebnis.

Epipher

Im Gegensatz zur ▶ Anapher wiederholt die Epipher oder Epiphora nicht den Satzbeginn, sondern das Satzende zur Hervorhebung oder Intensivierung bestimmter Teile der Aussage: »Ich sah auf dich und weinte nicht. Der Schmerz schlug meine Zähne knirschend aufeinander; Ich weinte nicht...« (Schiller).

Epitheton

Ein Epitheton ist eine Hinzufügung, ein Zusatz oder Beiwort, das einem Substantiv oder Eigennamen als Adjektiv oder Partizip zur Veranschaulichung, Erläuterung oder Eingrenzung beigefügt wird, um ihm eine unverwechselbare Kennzeichnung zu geben. Epitheta zeigen sich auch in der sprachlichen Gestaltung von Sätzen und sind für den Wert der Rede mehr als »nur« Schmuck und damit eben nicht entbehrlich, sie sind

Mittel zur Darstellung der Wahrheit. Und wenn Cicero vom »Glanz« der Rede spricht, so meint er nicht rein ästhetische Aspekte, sondern dass die Rede »lichtvoll«, einleuchtend sei. Der Schmuck ist ihm wichtiger Teil jeder (aufrichtigen) Rede, wobei ohne einen entsprechenden Sachverhalt auch keine »glänzenden« Worte nützten, denn sie verkämen zur bloßen und damit leeren Formel. In der römischen Rhetorik nannte man dieses Stilmittel *epitheton ornans*, schmückenden Zusatz, und meinte damit eine ständig formelhaft wiederkehrende Beifügung.

Das Epitheton ist aber auch eine Herausstellung ausgewählter Eigenschaften, die allerdings nicht eindeutig sein müssen. Schon Aristoteles wies darauf hin, dass Orest einmal als »Mörder seiner Mutter« und einmal als »Rächer seines Vaters« bezeichnet wurde. Beide Formulierungen treffen zu, geben aber nur je einen Aspekt der Wirklichkeit bei Ausklammerung des anderen wieder.

Epitheta sind auch abhängig vom Zeitgeist; so war der »Mond« im Rokoko *silbern*, in der Romantik *golden*, im Impressionismus *bleich*. In volkstümlicher Dichtung und Sprache finden sich oft Formen wie *rotes Blut, grüner Wald, tapferer Held, scharfes Schwert* etc. (Solche Formen sind oft, aber

Im Rokoko war der Mond *silbern*, in der Romantik *golden*, im Impressionismus *bleich*. Der Zeitgeist verändert unsere Sicht der Welt.

Der *listenreiche* Odysseus und seine Gefährten blenden den Riesen Polyphem. Gruppe aus einer Kaiservilla bei Sperlonga.

nicht immer ▶ Tautologien oder ▶ Pleonasmen.) Bei Homer ist die Rede vom *listenreichen* Odysseus, womit Odysseus, der Held, klassifiziert wird, aber, da jeder weiß, wie listig Odysseus ist, scheint die Verwendung des »Schmucks« fast tautologisch. Seltene Epitheta erfreuten sich besonders im Barock großer Beliebtheit und galten als Bereicherung der Kunstsprache: *gähnende Tiefe, gesellige Wolken.* Durch die Verwendung unerwarteter Epitheta lassen sich witzige Effekte erzielen.

Epitheta können vor- oder nachgestellt werden: »Röslein rot« (Goethe), »Mädchen schön und wunderbar« (Schiller).

S-11 und *Ground Zero* haben sich nach dem schrecklichen Angriff auf das World Trade Center als griffige Schlagworte etabliert.

Euphemismus

»Andächtiges Schweigen« nennen die Griechen die Stilfigur, die verschweigt bzw. nicht nennt oder umbenennt, was unangenehm, verletzend oder auch ehrlich sein könnte (griech. *euphemos,* wohlredend). Meist hat es gesellschaftliche, ideologische oder religiöse Gründe, dass Formen, die eine Sache beim Namen nennen würden, vermieden und statt ihrer verschleiernde Termini benutzt werden. Es geht darum, bestimmte Tabus nicht zur Sprache zu bringen. So sagt man *dahingehen,*

verscheiden, entschlafen, wenn man vom Sterben spricht
– den Tod führt man nicht gern mit seinem Namen
im Mund. Man spricht ungern vom Schwitzen, wenn
man auch *transpirieren* sagen kann – es klingt eleganter. Der Fußpilz heißt im Englischen *athletes foot* –
das verleiht dem, der darunter leidet, sogar etwas Sportliches.

Die Funktion des Euphemismus ist aber nicht nur
Rücksichtnahme gegenüber anderen, es geht eben
auch darum, etwas zu beschönigen oder so verschleiernd darzustellen, dass etwas Schlechtem der Mantel
des Angenehmen, Notwendigen oder Kunstvollen umgehängt wird. Die Wahrheit lässt sich nicht besser als
mit einem Euphemismus verschweigen. So nannten
die Nazis die Vernichtung von Millionen Menschen
Endlösung. Aus dem politisch-militärischen Jargon
kennen wir Ausdrücke wie *Peacemaker* für eine Atombombe, aus der Wirtschaft *Freisetzung* für den Abbau
von Arbeitsplätzen. *Gastarbeiter, Lebensabschnittsgefährte*
oder *Sozialpartnerschaft* sind beliebte Wörter aus dem
Bereich der Sozialpolitik, die tristen Wahrheiten beschönigende Mäntel umhängen. Auch grammatische
Varianten werden zur Kosmetik verwandt; so ist eine
ältere Dame jünger als eine *alte Dame,* obwohl doch
»älter« die Steigerungsform von »alt« ist, also die »ältere« Dame älter sein müsste. Auch Abkürzungen oder
Formeln können als Euphemismen benutzt werden;
S-11 für die Tragödie des World Trade Centers in New

Peacemaker, Friedensstifter, als beschönigender Name für eine
Bombe der Massenzerstörungskategorie

York oder die Formel *Ground Zero* für die Ruinen dieser
Gebäude sind griffige Beispiele der neuesten Geschichte.

Historisch betrachtet verlieren die verhüllenden Ausdrücke im Lauf der Zeit oft ihre Funktion und nehmen
die Bedeutung an, die sie ursprünglich beschönigen
wollten. Das althochdeutsche *stinkan* war seinerzeit
wertneutral und wurde für alle Arten von Gerüchen
benutzt. Im Mittelhochdeutschen wurde es durch den
beschönigenden Ausdruck *riechen* ersetzt, der in neuerer Zeit durch *duften* abgelöst wird. *Stinken* ist heute
eindeutig negativ belegt.

Evidenz

Evidenz meint in der Rhetorik ein Darstellungsverfahren, das durch drastische Mittel die Anschaulichkeit
des Berichteten erhöhen soll, etwa wenn ein Geschehen aus der Perspektive eines Augenzeugen wiedergegeben wird. Die Funktion dieser Sinnfigur ist die
Erzeugung von Authentizität. ▶ Descriptio

Fremdwörter

Fremdwörter sind an sich keine Stilmittel der klassischen Rhetorik, können aber in der Rede als solche
eingesetzt werden. Eine mit Fremdwörtern überladene
Rede gilt ebenso als misslungen wie eine Rede, die
gänzlich auf Fremdwörter verzichtet, können diese
doch als eine Art von Ausdruckssteigerung verwendet
werden. Oft ist es schwer, gänzlich ohne sie auszukommen, denn bestimmte Fachtermini oder Wörter für
neue Objekte oder Zustände stammen einfach aus
anderen Sprachen. Die übermäßige Verwendung von
Fremdwörtern macht Sprache dagegen unverständlich
und kann somit gezielt zur Einschüchterung und auch
zur Vortäuschung von Falschem dienen.

Auf den deutschen Wortschatz von etwa 400 000
Wörtern entfallen rund 100 000 Fremdwörter, in privaten Briefen liegt ihr Anteil bei 5 %, in Zeitungsartikeln
bei ca. 15 %. Es gibt immer wieder Bestrebungen, die
Sprache »rein« zu erhalten, dann spricht man von
einer »Fremdwortflut«, die uns zu überschwemmen

drohe und vor der man sich folglich schützen müsse.
Im 17. Jahrhundert war es in Deutschland der Kampf
gegen die französische Kultur und Sprache, der zur
Gründung von Gesellschaften zur Sprachreinigung
führte, was natürlich letztlich ein nationalistischer und
damit politischer Kampf war.

Im Verlauf solcher »sprachhygienischen«
Aktivitäten entstanden sprachliche Gebilde
wie Geistgruppenwissenschaft (statt *Kultur-
soziologie*), Seelenkunde (*Psychologie*), Wei-
bischtum (*Feminismus*), Vertragtum (*Sozi-
alismus*). Dem Postmeister General Heinrich von Stephan verdankt unsere Sprache
die Verdeutschung von über 700 Ausdrücken des Postwesens in den 70er Jahren
des 19. Jahrhunderts, die sich zum großen
Teil bis heute gehalten haben: aus *rekom-
mandieren* wird einschreiben, aus *poste res-
tante* postlagernd, aus *Telefon* Fernsprecher,
aus *Korrespondenzkarte* Postkarte, aus *Cou-
vert* Briefumschlag. Dem Duden ist eine eigene grammatische Terminologie verpflich-
tet. Vorgeschlagen von Klaus Bojunga, sagt
man *Tätigkeitswort (Tuwort)* statt Verb, *Leideform* statt
Passiv, *Doppellaut* statt Diphthong etc. Auch heute
noch werden Hauptschüler von Gymnasiasten durch
diese Sprachbarriere getrennt.

Postmeister General H.
von Stephan (1831–97),
der Eindeutscher der
Ausdrücke des deut-
schen Postwesens

Die Frage bleibt: Wie
sollte heute unsere Spra-
che ohne Fremdwörter
funktionieren? Bewahrer
fordern, »gespreizte, aus-
geleierte oder neu aufge-
tauchte Fremdwörter«
(Wolf Schneider) aus der
Sprache zu verbannen.
Karl Kraus hingegen
schrieb: »Das beste Deut-
sche könnte aus lauter
Fremdwörtern zusam-

Karl Kraus (1874–1936)
bekämpfte in seiner Zeit-
schrift „Die Fackel" als
Kulturkritiker und Sprach-
reformer die moralischen
und künstlerischen Miss-
stände seiner Zeit und
geißelte ihr Versinken im
Phrasenhaften.

mengesetzt sein, weil nämlich der Sprache nichts gleichgültiger sein kann als das ›Material‹ aus dem sie schafft.«

Besonders in der Werbung finden sich immer mehr Wörter und Redewendungen aus anderen Sprachen. Aber nicht nur einzelne Wörter treten auf, sondern ganze Sätze, besonders aus dem Englischen: *Take a walk on the wild side. Honda Jazz; degussa. everywhere you go; Mini Cooper-S. Supercharged. Is it love?* Und süffisant wünscht Yvonne Ingler in ihrer Untersuchung zur Jugendsprache ihren Lesern »Total viel Spaß und echt geniale Power beim Readen«.

Gemination

Als Gemination bezeichnet man in der Rhetorik die wörtliche Wiederholung eines Satzteils zur Steigerung des Ausdrucks: »Daraus kann nimmer, nimmer Gutes kommen« (Schiller, »Maria Stuart«).

Hendiadyoin

Wörtlich übersetzt heißt das griechische *hen dia dyoin* »eins durch zwei«: zwei Synonyme werden zum Zwecke der Verstärkung eines Begriffs miteinander verbunden, etwa in dem Satz *Wir bieten Hilfe und Beistand an* oder in den Verbindungen *bitten und flehen* oder *an Ort und Stelle*. In einer zweiten Ausprägung dieser Stilfigur werden zwei Attribute nebeneinander gestellt, von denen eines dem anderen untergeordnet ist und eigentlich wie ein Adjektiv funktionieren könnte: *von Tellern und Silber essen* statt *von silbernen Tellern*; oder *aus Schalen opfern wir und aus Gold* statt aus *goldenen Schalen*. Der zweite Begriff erscheint dem Autor oder Sprecher als zu wichtig, um dem anderen untergeordnet zu werden und wird deshalb beigeordnet. Dem Hendiadyoin verwandt sind ▶ Tautologie, ▶ Epanelepse und ▶ Pleonasmus.

Homoioteleuton und Homoioptoton

Ersteres bezeichnet den Gleichklang der Schlusssilben verschiedene Satzglieder, Letzteres die gleichen grammatischen Endungen in einer Reihung.

Der athenische Gesetz-
geber Solon vor dem
Lyderkönig Krösus,
Gemälde von Gerard van
Honthorst, 1624
Der Reichtum des Krö-
sus (um 560–46 v.Chr.)
wurde sprichwörtlich und
seine Gier danach geriet
ihm zum Untergang, als
er in Kappadokien (Zen-
tralanatolien) von Kyros II.
endgültig besiegt wurde.

Hybris

»Frevelhafter Hochmut« bedeutet dieses Wort im Griechischen: Die vom Menschen herausgeforderte Gott-
heit verfolgt diesen mit rächender Strafe bis zu seinem
Untergang. Im linguistischen Sprachgebrauch versteht
man unter hybriden Formen zusammengesetzte oder
abgeleitete Wörter, deren Einzelelemente aus verschiedenen Sprachen stammen: *Büro + kratie,* französisch
und griechisch; *Email + adresse,* englisch und lateinisch;
ab + scannen, deutsch und englisch.

Hyperbaton

Das Hyperbaton ist eine Umstellungsfigur, die die nor-
male Satzstellung zum Zwecke der Auflockerung des
Gesagten durchbricht: »Und wenn jemals ich mit dem
Gefühl ...« (Wieland). Eine weitere Funktion ist die
Hervorhebung von einzelnen Satzgliedern durch die
von der Norm abweichende Stellung im Satz: »... daß
ich des Halmes Frucht / Noch Einmal koste, und der
Rebe Saft« (Hölderlin, »Tod des Empedokles«).
▶ Trikolon, ▶ Antithese, ▶ Chiasmus, ▶ Parallelismus

Hyperbel

In der Rhetorik ist eine Hyperbel eine sprachliche
Form, die als Übertreibung oder Steigerung der Wahrheit bezeichnet werden kann. (griech. *hyperbolikos,*

übertrieben). *Schneckentempo, todmüde oder riesengroß* sind solche sprachlich übertreibenden Formen; aus der Jugendsprache kommt *oberaffengeil*. Weitere Beispiele für socherart entstandene Superlative sind: *schneeweiß* (also weißer als weiß), *furztrocken, todkrank, kreuzfidel, sternhagelvoll, splitternackt* oder *spindeldürr*. In der Rhetorik dienen Hyperbeln der Verfremdung – wie die Beispiele zeigen, verlieren sie jedoch diese Funktion, wenn sie in die Alltagssprache übernommen werden. Formen dieser Art werden meist nicht mehr analysiert und als das akzeptiert, was sie sind. Kommen sie aus anderen Sprachen oder werden sie dort erlernt, gelten sie als unübersetzbare idiomatische Wendungen, die ebenfalls nicht weiter analysiert werden. In ihrer Funktion als Steigerung der Wahrheit und damit als Wahrheitsbeteuerung im eigentlichen Sinn kann die Hyperbel als ein Signal für das genaue Gegenteil verstanden werden: Vorsicht ist angesagt, wenn etwas wahrer als wahr sein soll.

„PERSIL wäscht weißer als weiß."

Induktion

Die Induktion (lat. *inducere*, hinführen) ist eine Form des Beweisschlusses, bei dem vom Besonderen auf das Allgemeine geschlossen wird. Einzeln beobachtete Phänomene werden im Hinblick darauf untersucht, ob sie zu allgemeiner Gesetzmäßigkeit erhoben werden können. Das Gegenteil der Induktion ist die ▶ Deduktion.

Ironie

Die Ironie (griech. *eiron*, einer, der sich unwissend stellt) ist eine Form des Spotts und heiterer oder bitterer Kritik, beispielsweise *der gute Mann*, wenn von einem Betrüger die Rede ist. Man stellt das Gegenteil des eigentlich Gemeinten mit scheinbarem Ernst dar, wobei der intelligente Leser oder Hörer anhand bestimmter Indizien die eigentliche Bedeutung zu erkennen vermag. Um zu verspotten, bedient sich der Sprecher oft der Wertmaßstäbe des anderen. So ist in Shakespeares »Julius Cäsar« der immer wiederkehrender Refrain des Mark Antonius' »Und Brutus ist ein ehrenwerter Mann« eine ironische Wiederholung (s. S. 170–172).

Aber auch in der Umgangssprache finden sich Beispiele: »Du bist mir ein schöner Freund«. Sokrates wiederum setzte Ironie ein, um mit gespieltem Unwissen durch ständige Fragen dem Befragten schließlich als pädagogisches Mittel sein Unwissen vor Augen zu führen, um ihn auf diese Weise (durch Erniedrigung) zu echtem Wissen zu führen (▶ Rhetorische Frage). Im Gegensatz zum Humor ist die Ironie nicht versöhnlich, sondern kritisch, und ihr Spektrum reicht bis zur Bitterkeit, wenn sie in ▶ Sarkasmus umschlägt.

Im Drama lässt die so genannte »Ironie des Schicksals« den Betroffenen unabsichtlich scheinbar Positives und Erfolge erleben, treibt ihn aber bis zur ▶ Hybris und damit schließlich in den Untergang. Alle Mittel, die zur Erzeugung von Ironie verwendet werden, dienen dazu, der Beziehung zwischen Gesagtem und dessen Kontext (Erwartungshaltung des Hörers, Betonung, Gestik etc.) ihre Eindeutigkeit zu nehmen.

Links:
Mark Anton – bei Cäsars Grabrede sagt er in Skakespeares Drama: „Und Brutus ist ein ehrenwerter Mann".

Rechts:
Titelblatt der ersten Folioausgabe der Bühnenwerke Shakespeares, mit einem kolorierten Porträtkupferstich von Martin Droeshout, 1623

Somit kann alles Gesagte ironisch verkehrt oder inter-
pretiert werden. Im extremen Fall kann die solcherart
angewandte Ironie zu einem ▶ Double bind führen. Im
Drama wird die tragische Ironie eingesetzt, wenn der
Zuschauer schon über Vorwissen verfügt, das die han-
delnde Person nicht hat. Im Lichte dieses Wissens
scheinen ihre Aussagen ironisch, z.B. Schillers »Wal-
lenstein«, wenn er in der Nacht seines Todes sagt: »Ich
denke einen langen Schlaf zu tun.« In der Romantik
verstand man die Ironie als ein Ausdrucksmittel des
schöpferischen Menschen, der so seine Distanz zum
eigenen Werk zu formulieren suchte.

Katachrese

Bei diesem rhetorischen Stilmittel handelt es sich insofern um einen sprachlichen Missbrauch (griech. *kata-
chresis*, Missbrauch), als zwei nicht zusammengehören-
de Wörter kombiniert werden, etwa *die auf dem Boden
zerschellende Zigarette* oder *laute Tränen*. Sprachliche
Bilder dieser Art sind oftmals schwer nachvollziehbar,
da die verwendeten Wörter aus jeweils unterschiedlichen Feldern stammen und in ihrer Zusammenstellung einen (ungewollten) Bildbruch ergeben und daher
oft lächerlich oder »falsch« wirken. Gleichzeitig finden
Katachresen als »Verbildlichungen« Eingang in den
normalen Sprachgebrauch: »*Atomkern* oder *Ozonloch*
sind uns bereits so geläufig, daß sich kaum noch ein
Gefühl der Bildlichkeit einstellt. Wer würde schließlich
beim *Stuhlbein* daran denken, daß es sich hierbei um
eine ursprüngliche Katachrese handelt?« (K.-H. Göttert). In ihrer Steigerung, und wenn sich die verbundenen Wörter geradezu widersprechen, wird sie zum
▶ Oxymoron, dann wird aus dem scheinbar Sinnlosen
oder Widersprüchlichen in seiner Einbettung in den
Kontext ein Atmosphäre schaffendes Stilmittel.

   Als Katachrese bezeichnet man auch schlicht einen
sprachlichen Fehler, weil zwei nicht zusammen gehö-
rende Ausdrücke verbunden wurden. Die lateinische
Übersetzung lautet *abusio*, und das bedeutet Abweichung vom normalen Gebrauch, jedoch auch »Miss-

brauch«, weshalb die Katachrese fälschlicherweise auch als misslungene Metapher verstanden wird. Korrekter ist es, sie als eine Sonder-
form der »notwendigen« Metapher zu betrachten, wenn nämlich in der jeweiligen Sprache
kein nicht-metaphorischer Ausdruck für den
zu bezeichnenden Gegenstand existiert, wie
etwa beim *Fisheye-Objektiv*.

Da das Deutsche über
kein Wort für das engli-
sche *Fisheye*, ein extre-
mes Weitwinkelobjektiv,
verfügt, wird der Begriff
einfach übernommen.

Klangmalerei (Onomatopöie)

Als Klang- oder Lautmalerei bezeichnet man die Nachahmung nichtsprachlicher Höreindrücke durch Wörter
oder Sätze, »die im Leser bzw. Hörer die gleichen Sin-
nesvorstellungen erwecken wollen« (Gero v. Wilpert).
Kuckuck, klatschen, summen sind Beispiele für solche
lautmalerischen Wörter. Dabei kann dieselbe Klang-
erscheinung in verschiedenen Sprachen verschiedene
Lautketten hervorbringen, denn auch Tiere »sprechen«
verschiedene Sprachen. So ist der Ruf eines Hahns im

Deutschen *kikeriki*, schweizerisch
güggerügü, englisch *cock-a-doodle-do*,
französisch *cocorico*, russisch *kukareku*. In diese Gruppe von Wörtern
fallen imitierende Zwischenrufe
oder Interjektionen: Lachen ist
haha, hoho, hihi; ein Aufprall: *klatsch,
patsch, platsch*; Niesen: *hatschi*; Uhr:
ticktack; Schießen: *peng, piffpaff* usw.
Immer wieder hat man die Klangmalerei im Zusammenhang mit

dem Ursprung der Sprachen diskutiert, etwa in der so
genannten »Wauwau-Theorie«, derzufolge die ersten
Wörter des Menschen Imitationen von Naturlauten
waren. Dagegen spricht der relativ geringe Anteil laut-
malerischer Wörter im Wortschatz der verschiedenen
Sprachen, ein Zusammenhang zwischen Zeichen und
Bezeichnetem lässt sich in der Regel nur schwer nachweisen. Die meisten Wörter sind willkürliche Zuordnungen für Zustände oder Gegebenheiten in der Natur.
In der Lautsymbolik wird dieser Zusammenhang in

Ein Hahn kräht deutsch
kikeriki, schweizerisch
güggerügü, englisch
cock-a-doodle-do, französisch *cocorico*, russisch
kukareku.
Fotografie von Louis
Ducos du Hauron, 1879

zahlreichen Experimenten untersucht, und es scheint innerhalb dieser Disziplin tatsächlich eine Ähnlichkeit zwischen Lauten und Sinneseindrücken zu geben, die über die Beispiele oben weit hinausgehen und universal eingeordnet werden können. So sollen in einem Experiment von Wolfgang Köhler (1947) zwei willkürlichen

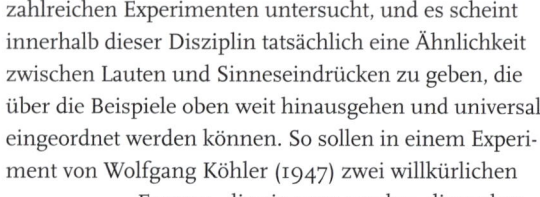

Formen, die eine aus runden, die andere aus eckigen Linien bestehend, je ein Wort zugewiesen werden, die Bezeichnungen *maluma* und *takete*. Die große Mehrheit von Sprechern verschiedener Sprachen wies *maluma* der runden und *takete* der spitzen Form zu. 1929 zeigte Edward Sapir, dass bei den Vokalen das »i« eher mit klein, das »a« eher mit groß assoziiert wird. Diese und ähnliche Erkenntnisse lassen auf die Existenz einer universellen internationalen Lautsymbolik schließen, was wiederum auf einen gemeinsamen Ursprung der Sprachen hindeutet.

Den beiden Formen aus dem Köhlerschen Experiment von 1947 sollten die beiden Bezeichnungen *maluma* und *takete* zugeordnet werden.

Klangmalerei findet besonders in Comics, aber auch in der Kindersprache und in der Sprache mit kleinen Kindern vielfältige Anwendung. Auch die Jugendsprache ist reich an lautmalerischen Wörtern. Ein Beispiel aus einer Schülerzeitung: *Die meisten Schüler nutzen die Pause, um »schmatz« etwas zu essen und einen kräftigen Schluck »gluck, rülps« zu sich zu nehmen.«* (zitiert nach Yvonne Ingler, »Jugendsprache«).

Lautmalerei im Comic

Konzession

Diese Sinnfigur ist ein Kunstgriff innerhalb des Argumentationsverfahrens. Der Redner lenkt ein und sagt, der Gegner könnte teilweise Recht haben. Nachdem dieser sich in Sicherheit wiegt, wird der letzte Schlag um so vernichtender ausgeführt. Wenn Mark Anton in

Shakespeares »Julius Cäsar« von Brutus sagt: »Er war
mein Freund, war mir gerecht und treu; doch Brutus
sagt, dass er [Cäsar] voll Herrschsucht war, und ist
gewiss ein ehrenwerter Mann«, so handelt es sich hierbei um eine *concessio*, und so wähnt sich Brutus noch
in der Sicherheit, mit Cäsar einer Meinung zu sein.
Das Ende sieht dann anders aus.

Litotes

Dieses rhetorische Stilmittel ist eine Form des »unei-
gentlichen« Sprechens, bei der eine Steigerungsform
durch die Negation des Gegenteils, also eine doppelte
Negation, ausgedrückt wird. So meint *nicht übel* »gut«
und *Er ist nicht einer der Tapfersten* will sagen, »Er ist
feige«. Die Litotes ist eine Art der Untertreibung, was
sie mit dem ▶ Euphemismus verbindet, während sie
im klaren Gegensatz zur ▶ Hyperbel
steht. Die Untertreibung oder das
▶ Understatement führt oft gerade
nicht nur zum Gegenteil, sondern
zu einer Verstärkung des Gesagten
oder Geschriebenen, und so ist sie
im wahrsten Sinne Verneinung zur
nachdrücklichen Bejahung, und *Er
ist gar nicht dumm* heißt also: »Er ist
intelligent«. In den Dialekten wird
diese Form oft verwendet. So bedeutet im Bairischen *nicht viel* oft sein
Gegenteil: *I hob mi net vui gschamt*
heißt dann, »Ich habe mich sehr
geschämt«. Auch die Minnedichter
des Mittelhochdeutschen verwendeten diese Stilform sehr häufig in
ihren Gedichten.

Walther von der Vogel-
weide (um 1170–um
1230), Miniatur aus der
Manessischen Hand-
schrift, 1. Hälfte des
14. Jahrhunderts.
In der mittelhochdeut-
schen Minnedichtung
wird die Litotes sehr
häufig verwendet.

Lizenz

Als Lizenz bezeichnet man die plötzliche und damit
überraschende Wendung des Redners an sein Publikum, wobei er dieses mit einer unangenehmen Wahrheit konfrontiert und damit sein eigenes Ansehen

erhöht, besitzt er doch den Mut, eine solche Wahrheit auch auszusprechen. Gleichzeitig handelt es sich auch um eine »subtile Schmeichelei ggb. dem Publikum« (K.-H. Göttert), dem die Wahrheit zugemutet werden kann. ▶ Apostrophe

Antiker Orator, Statue des Aulus Metelus, genannt „L'Arringatore" (der Redner), aus der Nähe von Perugia, um 80. v. Chr.

Meiosis

In der Rhetorik ist die Meiosis (griech., Verkleinerung) ein ironisches ▶ Understatement, die Verkleinerung von Zuständen, Tatsachen oder Leistungen durch die Verwendung von Wörtern oder Sätzen, die weniger ausdrücken, als sie bedeuten. Man könnte sie als eine »›Übertreibung nach unten hin‹ [bezeichnen], die den gegenteiligen Eindruck beim Hörer verstärkt« (Gero von Wilpert). In ihrer Funktion gleicht sie der ▶ Litotes. Quintilian nennt dieses Stilmittel auch »fehlerhafte Wortauslassung«.

Eine Meiosis ist nie direkt, sondern bewirkt immer den gegenteiligen Eindruck von dem, was gesagt wurde; insofern eignet sie sich vorzüglich als Mittel der sprachlichen Lüge, etwa wie in *Ihr ergebener Diener*.

Memoria

Die Memoria der Rede ist eine der letzten Stufen der Vorbereitung. Die Sophisten entwickelten ein System für das erfolgreiche Auswendiglernen, wobei man davon ausging, dass dem so genannten »künstlichen Gedächtnis« das in bildlicher Form Präsentierte eher vertraut werde, als das abstrakt Auswendiggelernte. Der Text der Rede sollte daher in eine Art Bildsprache übertragen werden. Als Grundlage diente meist ein Raum, den der Lernende gedanklich abschritt und in dem alles bildhaft für etwas anderes stand. Aristoteles war davon überzeugt, dass die Seele in Bildern denkt, und es die Bilder seien, die den Geist bewegen und

Franz Josef Strauß:
„Erfolgreichen Sprechern
haftet immer etwas Mys-
tisches und Geheimnis-
volles an."

somit im Gedächtnis haften bleiben. Wichtig ist, dass
die Rede nie aus dem Stegreif gehalten wird, sie ist
immer sorgfältigst vorbereitet und auswendig gelernt.
Franz Josef Strauß schrieb 1989: »Selbstverständlich
kann ein Politiker nicht immer frei sprechen, er muss
sich erarbeiteter Vorlagen bedienen. Diese sollte man
sich vorher aufmerksam zu Gemüte führen, wichtige
Passagen einprägen und Stichworte so unterstreichen,
dass sie mit einem Blick erfasst werden können. Wenn
ich mich in einem Redemanuskript verliere, geht der
[Augen]Kontakt verloren [...] es ist als würde der Strom
abgeschaltet.«

Metapher

Metaphern (griech. *metapherein*, übertragen) sind sprachliche Bilder, die auf einer Ähnlichkeitsbeziehung zwischen Zeichen und Bezeichnetem beruhen. Ein Wort
oder ein Satz wird durch einen anderen ersetzt oder es
findet ein Bedeutungstransfer statt, wenn zwei Gegen-
stände, zwei Inhalte oder Begriffe sich ähneln. So sagt
man *Der Himmel weint* für »Es regnet«. Metaphern
können in substantivischer (der *Fuchsschwanz* ist eine
»Handsäge«), adjektivischer (*spitze Bemerkung* für »ver-
letzende oder beleidigende Bemerkung«) und verbaler
Form auftreten (*zügeln* für »sich zurückhalten«). Aristoteles erklärte, man könne einen Gegenstand nicht
nur mit einem Begriff benennen, sondern auch stets

Der Himmel weint.

mit einem Bild. Es sei die Ähnlichkeit, die den Gegenstand im Bild erkennbar werden lasse.

Eine Metapher kann auch als eine Art verkürzter Vergleich betrachtet werden, bei dem das Vergleichswort »wie« entfällt: *ein Mann wie ein Baum* wird zu *er ist ein Baum*. Im Gegensatz zum Euphemismus wird aber kein Ausdruck mit einer obszönen oder unangenehmen Bedeutung durch einen der Situation angemesseneren ersetzt. Metaphern eignen sich vortrefflich zur Verschleierung der Wahrheit oder zur Nuancierung von Bedeutungen.

Die antike Figurenlehre nach Quintilian unterscheidet sprachliche oder metaphorische Übertragungen von Belebtem auf Belebtes: ein *Fuchs* ist ein listiger, ein *Esel* ein dummer Mensch; von Leblosem auf Lebloses, *Flussbett*; von Leblosem auf Belebtes: *Wüstenschiff* für Kamel; und am häufigsten von Belebtem auf Unbelebtes: *Fuß des Berges*. Gero von Wilpert unterschied zwischen Veranschaulichung des Geistigen durch Sinnliches und Beseelung des Sinnlichen durch Geistiges.

Wie entsteht eine Metapher? Metaphern sind historisch betrachtet immer eine Quelle für lexikalische Neubildungen. Konstruieren wir ein Beispiel: *Der Fernseher hat einen Erstickungsanfall*, sagt ein Kind, wenn das Gerät keinen einwandfreien Ton liefert. Die Erwachsenen lachen, loben vielleicht den Einfallsreichtum des Kindes, korrigieren es aber wahrscheinlich, extra-schlaue Eltern werden erklären, dass ein Fernseher, da er nicht atmen, auch nicht ersticken könne. Ebenso würde man verfahren, wenn ein Ausländer diesen Satz verwendete, auch hier würde milde korrigiert. Benutzt ein Dichter den Satz in einem Gedicht, akzeptiert man ihn als Metapher. Was ist geschehen? Damit eine Form als Metapher akzeptiert und verstanden wird, muss sie entweder schon häufiger gehört worden und damit ein Stück weit zur Gewohnheit geworden sein oder sie muss in einem bestimmten Kontext stehen – in unserem Beispiel in einem Gedicht, in dem man metaphorische Sprache erwartet. Und auch auf dem Gebiet der geisteswissenschaftlichen Auseinandersetzung mit dem Thema, der Metaphorologie, gilt: »Der Kontext – und nur er – macht die Metapher« (Ralf Konersmann).

Auch die Werbung ist in der Lage, einem Ausdruck, der anderweitig als Nonsens betrachtet würde, einen entsprechenden akzeptablen Rahmen zu bieten. Wenn nun eine sprachliche Form durch die Kraft der Gewohnheit in den »normalen« Sprachgebrauch übernommen wurde und alle Sprecher einer Sprachgemeinschaft sie akzeptieren, wird sie lexikalisiert, d.h. sie wird ins Wörterbuch der jeweiligen Sprache aufgenommen. Sie ist damit zu einer eigenen Einheit der Sprache geworden, die nun mit der Zeit ihrerseits wieder metaphorisiert, also durch einen bildhaften Ausdruck ersetzt werden kann. Es ist sogar möglich, dass sie mit dem ursprünglichen Wort selbst ausgetauscht wird, das sie einst ersetzte. Meist jedoch bleiben die beiden Formen nebeneinander bestehen, etwa *Fingerhut* für die Pflanze und das Nähwerkzeug. Die alte Bedeutung kann aber auch verdrängt werden: *Kopf* war die ursprüngliche Bedeutung für »gewölbte Schale« und wurde auf das »menschliche Haupt« übertragen. In *Pfeifenkopf* findet sich noch die alte Bedeu-

In dem Wort *Pfeifenkopf* findet sich noch die alte Bedeutung von Kopf als „gewölbte Schale".

tung. In vielen Fällen werden aber, wie schon erwähnt, ursprünglich metaphorische Bezeichnungen nicht mehr als solche verstanden, sondern haben eine eigene Bedeutung angenommen, etwa in dem Verb *schildern*.

Metaplasmus

Metaplasmen sind falsch verwendete Einzelwörter, die jedoch, im Gegensatz zu den ▶ Barbarismen, geduldet werden, weil sie dem Metrum des Satzes dienen oder einen anderen speziellen Effekt erzielen sollen. Ein Beispiel aus einer Schülerzeitung: *Deshalb bitte ich die Schulleitung inständig, ihre Verstände einzusetzen und die nötigen Vorstände zu unterrichten.*

Metonymie

Als Metonymie (griech. *metonymia*, Umbenennung) bezeichnet man die Ersetzung eines Ausdrucks durch einen anderen, der mit dem ersetzten Ausdruck in Beziehung steht. So sagt man: *Ich zitiere Schiller* anstatt zu sagen, dass man einen Text Schillers zitiert. Der Name der Person ersetzt das Werk oder steht dafür. Die Beziehung von Ursache und Wirkung wird vertauscht: *der bleiche Tod*, wobei die Bleiche nicht die Ursache, sondern die Wirkung des Todes ist. Ebenso gibt es die Ersetzung einer Institution durch das Gebäude, *Schule* und *Kirche* sind gute Bespiele. Oft wird auch die Position und nicht die Person genannt: *Die Regierung ließ verlauten* statt Person X (z.B. der Regierungssprecher).

Im Gegensatz zur Ellipse ist die Metonymie eine Ersetzung und keine Auslassung. Wenn man sagt *Ein Glas leeren*, statt »Ein Glas Milch leeren«, ersetzt man den Inhalt durch das Gefäß. An diesem Beispiel wird die Funktion der Metonymie deutlich: Es ist allen Hörern dieses Satzes eigentlich klar, dass es sich bei *Ein Glas leeren* fast nie um Milch oder ein nicht-alkoholisches Getränk handelt – es geht um Alkoholisches. Durch die Aussparung deutet der Sprecher möglicherweise an, dass der, über den man gerade spricht, eventuell ein Alkoholproblem hat, ohne dies indes je direkt ausgesprochen zu haben. Man kann dieses Stilmittel einsetzen, um die volle Wahrheit zu verschweigen bzw. eine Andeutung in eine bestimmte Richtung zu machen. Der Werbeslogan der Bild-Zeitung *BILD Dir Deine Meinung!* benutzt eine Metonymie, indem es das Verb bilden mit dem Namen des Blatts gleichsetzt. Die Inhalte der Zeitung werden mit dem Prozess der Meinungsbildung verknüpft – was offensichtlich ausgezeichnet funktioniert, denn der Spruch ziert seit Jahren die Plakatsäulen.

Plakatsäulen oder Litfasssäulen bringen uns zu einem anderen Aspekt dieses Stilmittels, dem Sprachwandel.

Die Litfasssäule wurde nach dem Berliner Drucker Ernst Litfaß benannt.

Es war das Stilmittel der Metonymie, das aus der von dem Drucker Ernst Litfaß, der zwischen 1816 und 1874 in Berlin lebte, zum ersten Mal aufgestellten Plakatsäule eine *Litfasssäule* machte. Ebenso verhält es sich mit dem Verb *lynchen*, das auf den amerikanischen Richter Charles Lynch (1736–1796) zurückgeht, oder dem *Champagne(r)*, der sich auf die gleichnamige französische Region bezieht. Mit *Tempo-Tuch* meint man ein Papiertaschentuch, benutzt aber den Produktnamen. Genauso ist es bei dem amerikanischen Verb *to xerox*, eine Fotokopie machen. Die Werbung hat über die Stilmittel der Rhetorik Einzug in unser Denken und somit unsere Sprache als dessen Ausdrucksmittel gefunden.

Neologismus

Ein Neologismus ist ein neuer sprachlicher Ausdruck, eine Wortneuschöpfung, die oftmals zur Bezeichnung von Neuerungen in der Welt dient, sei es in Technik, Politik, Kultur oder Gesellschaft. Es gibt eine Reihe von Möglichkeiten, neue Wörter zu bilden: (a) auf der Basis vorhandener Formen und Konstruktionsregeln: *Lauschangriff, entsorgen*; (b) durch Bedeutungsübertragung: *Bank* (Notenbank, Blutbank, Bank zum Sitzen), *Linse* (zum Essen, Photolinse, Kontaktlinse); (c) aus anderen Sprachen: *emailen, scannen, online gehen*. Zur Funktion, Verwendung und Bewertung von Neologismen siehe Fremdwörter. Oft und besonders in konservativen Kreisen wird die Neubildung von Wörtern negativ bewertet; v. Wilpert definiert den Ausdruck so: »sprachliche Neubildung [...] häufig mit dem Nebensinn des Fehlerhaften, krampfhaft Gewagten, Überflüssigen.« Wortneuschöpfungen durch ungewöhnliche Komposition gehören zu den weit verbreiteten Stilmitteln, die zuweilen allerdings eher zur Verdunklung als zur Erhellung der Bedeutung beitragen.

Oxymoron

Aus der Kombination der griechischen Wörter *oxys* und *moros*, scharf und dumm, geht die Bezeichnung für die rhetorische Figur des Oxymorons zurück: die

Verbindung zweier sich in ihrer Bedeutung wider-
sprechender Ausdrücke zu einem sprachlichen Bild:
»beredtes Schweigen«, »traurigfroh« (Hölderlin),
helldunkel, süßsauer, altes Mädchen etc.
Bei einem tatsächlichen Widerspruch
gerät das Oxymoron in die Nähe des
▶ Paradoxons. Seine Funktion ist der
Ausdruck von Gefühlen, von Unsagba-
rem. So tritt es besonders in der blu-
migen Sprache des Mittelalters, aber
auch in der Mystik und dem Barock
auf. Durch das Oxymoron wird eine
kurzzeitige Verunsicherung herbeigeführt, ein Erstaunen, das sich besonders für politische und auch verkäufe-
rische Manipulation nutzen lässt.

Rippchen süßsauer

Paradoxon

Ein Paradoxon ist ein Widerspruch oder ein scheinba-
rer Widerspruch auf der Bedeutungsebene (griech. *para
doxa*, gegen die Meinung, unerwartet). Zunächst sind
Sätze dieses Typs nicht einsichtig,
da sie dem allgemeinen Wissen von der Welt widersprechen. Bei näherer Betrachtung jedoch oder nach
genauerem Nachdenken
erweisen sie sich als richtig: »Das Leben ist der
Tod, und der Tod ist das
Leben.« Nach Rousseau sind
Paradoxa »große Wahrheiten,
die einhundert Jahre zu früh erscheinen« (und darum
nicht verstanden und als Paradoxa eingestuft werden).

„Paradoxa sind große
Wahrheiten, die einhun-
dert Jahre zu früh er-
scheinen." (J.-J. Rous-
seau)

Jean-Jacques Rousseau,
Detail aus einer allego-
rischen Darstellung der
Französischen Revolu-
tion zu Ehren Rousseaus

Parallelismus

Dieses Stilmittel gehört in die Gruppe der Umstellun-
gen; identische Wortgruppen oder -folgen werden
wiederholt, um das normale Satzschema zu durch-
brechen: *Heiß ist die Liebe, kalt der Schnee.* Zu den Um-

stellungsfiguren gehören ▸ Isokolon, ▸ Antithese, ▸ Chiasmus, ▸ Hyperbaton und ▸ Trikolon.

Paraphrase oder Periphrase

Die Paraphrase ist eine Umschreibung, die die Bedeutung eines Wortes, eines Satzes oder eines Textes wiedergibt, ohne den Originaltext zu verwenden. Auf diese Weise wird eine bedeutungsgleiche Spracheinheit produziert. Eine solche Neufassung hat nicht nur erläuternden Charakter – sie kann den Sachverhalt auch interpretieren oder gar verschleiern. Man bedient sich oftmals der ▸ Metapher oder des ▸ Euphemismus, um einen Ausdruck, ein Objekt, eine Eigenschaft oder Aktion durch einen (möglicherweise) ungewöhnlichen Ausdruck oder durch ganze Sätze zu ersetzen. Die Paraphrase fungiert als Definition, wo kein Begriff existiert. K.-H. Göttert schreibt: »Besonders beliebt sind Periphrasen übrigens im Bereich des Geschlechtlichen, wo sie Obszönitäten entweder verhindern sollen oder ganz im Gegenteil gerade hervorrufen.« ▸ Tabuwörter

Einfaches Benennen wird oft durch die Paraphrase ersetzt. So ist *das Auge des Gesetzes* die Polizei. Man benutzt auch Eigenschaften oder Werke des zu Kennzeichnenden, um ihn zu benennen, z.B. Komponist des »Fidelio« für Beethoven. Steht die Paraphrase zum ursprünglichen Ausdruck im Verhältnis der ▸ Äquivalenz oder der ▸ Synonymie, so handelt es sich um eine Definition. Stilistisch betrachtet sind Paraphrasen sprachliche Variationen und gehören damit zu den ▸ Tropen. Allerdings können Erweiterungen der Bedeutung, Über- oder Untertreibungen beabsichtigt sein. Insofern überschneiden sie sich mit ▸ Euphemismus, ▸ Hyperbole, ▸ Litotes oder ▸ Ironie.

Eine gelungene Paraphrase ist Mittel zur Erklärung, Verdeutlichung oder Interpretation, ist also Hilfe für das Verstehen. Gute Paraphrase will gelernt sein und ist deshalb Aufgabe des Sprachunterrichts.

Ein Beispiel für eine pragmatische Paraphrase ist die Ersetzung der Aufforderung *Bitte schließe die Tür!* durch *Es zieht!* Beides bedeutet dasselbe bzw. zielt auf

Das Auge des Gesetzes

denselben Effekt ab: Das Schließen der Tür. Der kurze
und indirekte Befehl *Es zieht!*, der gleichsam eine persönliche Meinung als Aufforderung verschleiert, kann
nur in bestimmten, von Abhängigkeitsstrukturen ge-
kennzeichneten Beziehungen zwischen Menschen verwendet werden. Aber indirekte Aufforderungen dieser
Art können auch freundlicher ausgesprochen werden;
Ist dir nicht auch kalt? oder *Kalt hier, findest du nicht?*
zielen jedoch beide auf dasselbe ab: das Schließen der
Tür durch eine andere Person als den Sprecher.

Paronomasie

Bei dieser Wiederholungsfigur handelt es sich um ein
Wortspiel, bei dem ähnliche oder gleichlautende Wörter mit gleichen oder sogar gegenteiligen Bedeutungen
verbunden werden. »In gewissem Sinn«, schreibt K.-H.
Göttert, »hat die Paronomasie die alte Metapher über-
flügelt, das Spiel das Bild abgelöst [...] die Pointe liegt
gerade darin, dass an sich ›Sinnloses‹ (jedenfalls Zufäl-
liges) überraschend Sinn zeigt.« Aus *familiär* und *Mil-
lionär* bildete Heinrich Heine *famillinär*; oder ein Beispiel aus dem Englischen: *Is life worth living? That
depends upon the liver.* (Ist das Leben lebenswert? Das
hängt von der Leber ab.); *wer rastet, der rostet.* Die Sprache der Werbung und der populären Kultur ist voll solcher Figuren: *Der Preis ist heiß, Geiz ist geil* etc.

In Rädern sind wir groß.

„In Rädern sind wir groß."

Pars pro toto

Pars pro toto ist lateinisch und bedeutet »der Teil für das Ganze«. So spricht man vom *Herd*, wenn man das Haus oder das Heim meint oder von *Brot für die Welt* wenn man Nahrung meint; *er trägt keinen Faden* für die Kleidung, *die Nase* für einen Menschen mit außergewöhnlichem Geruchssinn. In der Rhetorik ist das Pars pro toto eine Form der ▶ Metonymie. Das in Jugendsprache umgeschriebene Märchen »Rotkäppchen« beginnt mit folgendem Satz: »In dieser Story geht's um einen reichen Zahn, der wohl mordsknackig aussah« (Uta Claus und Rolf Kutschera,»Rotkäppchen«).

Rotkäppchen, ein
„reicher Zahn"

Uwe Johnson – in seinen „Jahrestagen" ist die *New York Times* eine „Tante".

Personifikation

Aus der antiken Rhetorik bereits bekannt, gewinnt diese Sinnfigur, ebenso wie die ▶ Descriptio, im Mittelalter besonders an Gewicht; in den Texten treten Verstorbene auf oder zu Personen (Personifizierte) gewordene Eigenschaften werden eingesetzt. Der römische Staatsmann und Philosoph Boëthius (480–524) legte sein Buch »De consolatione philosophiae« (Tröstung durch die Philosophie) als Dialog zwischen sich und der »Dame« Philosophe an.

In Uwe Johnsons grandiosem Roman »Jahrestage. Aus dem Leben von Gesine Cresspahl« ist die *New York Times* eine »Tante«: »Was für eine Person stellt Gesine sich vor, wenn sie an die New York Times denkt wie an eine Tante? Eine ältere Person. [...] Die New York Times kommt Gesine vor wie eine Tante aus vornehmer Familie.« Diese einfache Form der Personifizierung ist fälschlicherweise oft ▶ Allegorie genannt worden. Die Allegorie bedient sich höchstens dieses Mittels, ist aber keinesfalls mit ihm gleichzusetzen.

Pleonasmus

Ein Pleonasmus (griech.-lat., Überfluss) ist die »Überfüllung« eines sprachlichen Ausdrucks durch Reihung mehrerer ihrem Sinn nach ähnlicher Wörter: *weißer Schimmel, alter Greis* – es handelt sich also um eine Überladung mit überflüssigen Elementen, denn ein

Schimmel ist immer weiß, ein Greis immer alt. Die Dopplung bewirkt nichts und ist unnütz. Meist gilt ein Pleonasmus als Fehler, wird er allerding bewusst eingesetzt, dient er der sprachlichen (wenngleich sinnlosen) Ausschmückung oder der ▶ Emphase: *Ich habe es mit eigenen Augen gesehen.* ▶ Tautologie, ▶ Epanelepse und ▶ Hendiadyoin.

Ein weißer Schimmel? Der Pleonasmus häuft überflüssige Elemente.

Polyptoton

Diese Wortfigur ist der ▶ Paronomasie verwandt, im Unterschied zu ihr besteht jedoch tatsächlich eine etymologische Beziehung zwischen den verwendeten Wörtern, die Wortbildung geht also auf dieselben Wurzeln zurück: *Mit lauten Rufen rufen; Das Leben lebt; Homo hominem lupus est* (Der Mensch ist dem Menschen ein Wolf); *Auge um Auge, Zahn um Zahn; vom Besten nur das Allerbeste.*

Polysyndeton

Bei dieser Figur der antiken Rhetorik werden Satzteile durch dieselbe, häufig wiederholte Konjunktion miteinander verbunden: »und es wallet und siedet und brauset und zischt« (Schiller). Verzichtet man auf die Konjunktion, handelt es sich um ein ▶ Asyndeton.

Präsens historicum

Diese rhetorisch-grammatische Form gehört zu den Figuren der Belebung und will durch Gebrauch der Gegenwartsform das Gesagte näher heranholen und damit greifbarer machen. Sie wird, wie der Name sagt, vor allem in historischen Beschreibungen verwendet, wenn das Dargestellte seinen rein deskriptiven Rahmen verlassen soll: *Kolumbus sticht am 3.8.1492 mit drei Karavellen in See und erreicht auf der Suche nach dem Seeweg nach Indien am 12.10. die Bahamas und am 27.10. Kuba.*

Historisches Präsens – obwohl bereits vor über 500 Jahren geschehen: Christoph Kolumbus *landet* auf der Insel Haiti. Holzschnitt, 1501

Pronuntiatio

Der Vortrag der Rede ist das Ergebnis aller Vorbereitungen, die in den ersten vier Bearbeitungsphasen getroffen wurden (*inventio*, Erfindung der Gedanken, ▶ Topos; *dispositio*, Gliederung der Gedanken; *elocutio*, sprachliche Darstellung; ▶ *memoria*, Auswendiglernen. Abgeleitet wurden viele Vortragsweisen von der Schauspielkunst. Cicero wehrte sich gegen das, was man damals ▶ Asianismus nannte, es war ihm zu deklamatorisch, obgleich er selbst von der Kritik als Vertreter dieses Stils gebrandmarkt wurde. In der zweiten Sophistik setzte sich ein singender und tänzelnder Vortrag durch, mit »hin- und hergeschlenkertem Hinterteil«, wie Tacitus und Lukian es tadelten. Cicero sprach von einem »Register der Stimmführung«, Quintilian machte daraus eine strenge Lehre, in der jede Haltung und Bewegung im Zusammenspiel mit den Teilen der

Rede wie eine Art Grammatik festgelegt ist. Man hatte Angst, unkontrollierte oder willkürliche Bewegungen könnten falsch verstanden werden. Oscar Wilde zeigt mit seiner Rede, wie gerade eine gegenläufige Betonung die Wirkung steigern kann (s. S. 173, 174).

Hitler bei einer Rede – „die einzige Sache, von der er etwas verstand" (Ian Kershaw).

„Der körperliche Ausdruck aber ist der Ausdruck des Geistes." (Cicero)

„Wollt ihr den totalen Krieg?" – Joseph Goebbels, ab 1944 Generalbevollmächtigter für den totalen Krieg.

Rhetorische Frage

»Die rhetorische Frage ist, so sagt man, von ihrem Wesen her gar keine Frage, sie tut nur so«, schreibt Aaron Bodenheimer. Sie ist allerdings eine Frage, auf die keine Antwort erwartet wird. Da sie eigentlich nur eine Aussage oder Aufforderung enthält, dient sie eben nicht dazu, Informationen zu erfragen. Sokrates bediente sich ihrer, um dem Befragten seine Unwissenheit vorzuführen und ihn anschließend zum Wissen zu geleiten. Die Funktion der rhetorischen Frage ist jedoch nicht nur Erniedrigung, sie dient auch zur größeren Verdeutlichung und Belebung einer Rede,

will zum Nachdenken anregen. Da eine Frage eine andere Satzmelodie hat als eine Aussage, nämlich eine ansteigende, wird sie eingesetzt, um den Tonfall eines Vortrags aufzulockern. »Wer zählt die Namen, nennt die Völker, die gastlich hier zusammen kamen?« (Schiller). Gleichzeitig ist die rhetorische Frage eine der am meisten verwendeten Mittel, um Unwillen (*Bin ich denn dein Diener?*), Wut (*Soll ich mich etwa nicht aufregen?*), Verwunderung (*Sind wir nicht Männer?*) oder Mitleid (*Tut sie dir nicht auch leid?*) zum Ausdruck zu bringen. Darüber hinaus hat dieser Fragetypus eine subtile meinungsbildende Wirkung, denn eine rhetorische Frage stellt vor, zwingt aber nicht auf. Dem Befragten lässt sie indes nur die Freiheit mit Ja oder Nein zu antworten. Rhetorische Fragen machen also ganz im sokratischen Sinn mundtot, denn sie wollen überzeugen, nichts erfragen. »Wie lange noch, Catilina, willst du unsere Geduld missbrauchen?« – so beginnt Ciceros erste Rede an Catilina.

Cicero eröffnete seine flammende Rede gegen Catilina mit der rhetorischen Frage: „Wie lange noch, Catilina, willst du unsere Geduld missbrauchen?" Gemälde aus dem 18. Jahrhundert von Cesare Maccari

Schweigen

Schweigen ist ein vielfältig einsetzbares rhetorisches Mittel: In Formen wie der ▶ Ellipse werden bestimmte Teile eines Ausdrucks ausgespart, ebenso gibt es Aussparungen auf der Ebene des einzelnen Wortes: bei den so genannten Schwanzwörtern wird nur der letzte Teil verwendet: *(Eisen)Bahn, (Regen)Schirm*; bei den Kopfwörtern ist es umgekehrt: *Uni(versität), Foto(graphie), Zoo(logischer Garten)*. Die völlige Abwesenheit von Sprache in ihren verschiedenen Formen und Ursachen ist ebenfalls Gegenstand der rhetorischen Analyse. So unterscheidet Stephen Levinson (1983) drei Arten des Schweigens: Lücke oder Unterbrechung (*gap*), Aufhören einer Unterhaltung (*lapse*) und bedeutungsvolles Schweigen (*significant silence*). Andere Linguisten und Psychologen unterscheiden eine ganze Reihe weiterer Typen des Schweigens und erklären sie abhängig von den Regeln des Sprecherwechsels. Für Irmengard Rauch ist das Schweigen Teil der Sprachanalyse, die nicht beim Satz enden dürfe. Schweigen als Abwesenheit von Sprache kann als starkes Mittel sprachlicher Verdunkelung eingesetzt werden.

Der italienische Semiotik-Professor Umberto Eco (*1932) ist einem breiten Publikum vor allem durch den 1982 auf deutsch erschienenen Roman „Der Name der Rose" bekannt geworden.

„Alle Menschen sind sterblich, Sokrates ist ein Mensch, also ist Sokrates sterblich". Römische Kopie eines Bildnisses von Sokrates

Semiotik

»Semiose ist jenes für den Menschen typische Phänomen, durch welches ein Zeichen, ein Objekt und seine Interpretation in ein Wechselspiel treten. Semiotik ist die theoretische Reflexion über das, was Semiose ist. Mithin ist ein Semiotiker der, der nicht genau weiß, was Semiose ist, aber der sein Leben darauf verwetten würde, dass es sie gibt« schreibt der italienische Semiotik-Professor und Romancier Umberto Eco.

Die Semiotik ist die Wissenschaft, die sich mit dem Funktionieren von sprachlichen und anderen, allgemeinen Zeichenprozessen beschäftigt. Sie analysiert die Möglichkeiten des Bildlichen und der Verbildlichung.

Soloezismus

Soloezismen (griech. *soloikismos*, fehlerhaft wie die Bewohner von Soloi sprechend) sind Verstöße gegen korrekte Wortverbindungen innerhalb des Satzes, grammatische Abweichungen jeglicher Art. Die Regeln der Verbindung von Wörtern sind in der Syntax organisiert. Bewusst eingesetzte syntaktische Verstöße gegen diese Regeln nennt man Soloezismen (beispielsweise *nach der Schule gehen*). Im Zuge des allgemeinen Sprachverfalls der spätlateinischen und spätgriechischen Volkssprache kam es zu einer relativ großen Verbreitung der Soloezismen. ▶ Barbarismus, ▶ Metaplasmus

Syllogismus

Ein Syllogismus ist ein deduktiver logischer Schluss. Der wohl bekannteste stammt von Aristoteles: Alle Menschen sind sterblich, Sokrates ist ein Mensch, also ist Sokrates sterblich. Aus zwei Aussagen, dem Unter- und dem Obersatz, die zusammen drei Begriffe enthalten, von denen zwei identisch sind (im Beispiel »Mensch«) wird ein Schluss vom Allgemeinen aufs Besondere gezogen. Aristoteles begründete die Lehre von der Syllogistik, die erste exakt ausgearbeitete Methodenlehre des Abendlandes. ► Deduktion

Symbol

Das griechische *symbolon* lässt sich mit »Erkennungszeichen« übersetzen. In der Semiotik als der Lehre von den Zeichen, betrachtet man Symbole als die Klasse von Zeichen, bei denen die Beziehung zwischen Zeichen und Bezeichnetem auf Konventionen beruht oder willkürlich ist – man denke etwa an die Symbole der chemischen Elemente.

Die blaue Blume als Zeichen der Romantik

Die Bedeutung der Symbole ist kulturspezifisch und kulturübergreifend festgelegt. Das gilt sowohl für Wörter (also sprachliche Zeichen) und Gesten wie für bildliche Darstellungen, etwa die *Taube* als Symbol des Friedens und die *blaue Blume* als Zeichen der Romantik. Somit ist ein Symbol ein Zeichen, das einen tieferen Sinn andeutet.

Tafel der chemischen Elemente

Synekdoche

Die Synekdoche (griech., Mitverstehen) ist die »Bezeichnung eines Gegenstands durch Wahl des engeren statt des umfassenderen Begriffs (und umgekehrt)« (Hadumod Bußmann). Man verwendet statt der Gesamtvorstellung einen Teil (► Pars pro toto): *Kiel* für Schiff, ein *kluger Kopf* für einen intelligenten, eine *treue Seele* für einen lieben Menschen; statt der Mehrzahl die Einzahl:

Hat Deutschland die Fußballweltmeisterschaft gewonnen oder dieses Team?

der Amerikaner isst Hamburger, Deutschland ist Weltmeister oder *Cäsar eroberte Ägypten,* statt der Gattung die Art: *Roman* für epische Dichtung etc. Die Funktion der Synekdoche, die als rhetorische Figur der ▶ Metonymie ähnelt, ist die Vermeidung von Wiederholungen durch den Wechsel des Ausdrucks. In Verallgemeinerungen (der Hamburger essende Amerikaner, der für sein Volk steht, oder Cäsar, der statt seiner Legionen Ägypten eroberte) dient die Synekdoche der allgemeinen Verschleierung.

Synonym

Das Synonym (griech. *synonymos,* gleichnamig) ist ein sinnverwandtes Wort, ein Wort von gleicher oder sehr ähnlicher Bedeutung. Für das Schimpfwort aus der Jugendsprache *Warmduscher* beispielsweise gibt es folgende Synonyme: *Softie, Bettsockenträger, Brustschwimmer, Festnetztelefonierer, Frühbucher, Gurtanleger, Handbuchleser, Sitzpinkler, Streichelzoobesucher, Strohsternbastler, Verfallsdatumsleser* – diese Ausdrücke dürften wohl nur zu einem geringen Teil Eingang in Synonymwörterbücher finden.

Man unterscheidet zwischen totaler und teilweiser Bedeutungsgleichheit, bei völliger und nur teilweiser Austauschbarkeit eines Ausdrucks. Als Stilmittel wird das Synonym eingesetzt, um Wiederholungen zu ver-

DUDEN

Die sinn- und sachverwandten Wörter

Wörterbuch
für den treffenden Ausdruck

Rund 82 000 Wörter und Wendungen in Gruppen gegliedert, mit Angaben zur Stilschicht und Hinweisen zur Bedeutung

8

Das Duden-Synonymwörterbuch

meiden und so den Stil zu verbessern. Werden mehrere Synonyme nacheinander gestellt, spricht man von Häufung: *Intelligenz, Klugheit und Weisheit zeichnen sie aus.*

Unter Synonymie versteht man die Anwendung bedeutungsgleicher Wörter zur Erzeugung einer Intensivierung: *Unruhe, Zwiespalt und Gefahr.* Die unmittelbare Verknüpfung zweier Synonyme bezeichnet man als ▸ Hendiadyoin.

Tabuwörter

Das Wort *tabu* stammt aus dem Polynesischen und bedeutet »das Unantastbare« oder »stark Gezeichnete«. In unserem Sprachgebrauch bezeichnet es etwas, das aus politischen, sozialen, religiösen oder sexuellen Gründen nicht genannt werden darf oder genannt werden sollte. Solche Wörter oder Wendungen werden gemeinhin durch euphemistische Umschreibungen ersetzt. Was Tabu ist, bestimmt immer der Zeitgeist. Man sagt *verflixt und zugenäht* statt verflucht oder

Henry Miller – als Autor „obszöner" Literatur attackiert und in den USA zu seiner Zeit verboten

Gottseibeiuns für den Teufel. Im Englischen sagt man *shoot* (schießen) statt »shit« (Scheiße), im Spanischen *jolines* statt »joder« (ficken im Sinne von »Mist«, wenn etwas misslingt). Die Ersetzung von unliebsamen Wörtern durch andere, oft, wie im spanischen Beispiel, durch lautmalerische (▸ Klangmalerei), wird oftmals gezielt zur Äußerung sprachlicher Unwahrheiten eingesetzt.

Henry Miller schrieb: »Die am meisten wiederkehrende Frage, die man einem Autor ›obszöner‹ Literatur stellt ist: Warum mussten Sie solch eine Sprache verwenden? Damit will man natürlich sagen, dass mit konventionellen Ausdrücken oder Wörtern derselbe Effekt hätte erzielt werden können. Natürlich stimmt das absolut nicht.«

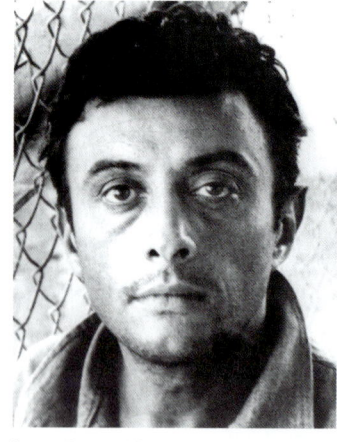

Lenny Bruce: „If you can't say ‚fuck', you can't say ‚the fucking government'".

Man sollte allerdings nicht vergessen, dass der übermäßige Gebrauch von Tabuwörtern mit der Absicht des Schocks, der Verunsicherung oder Einschüchterung ebenfalls als Mittel zur sprachlichen Verschleierung und Selbststilisierung dienen kann. Der Sprecher soll provokativ oder unkonventionell erscheinen. Der Rap bedient sich dieser Strategie. Aber auch in letzter Zeit in Deutschland populär gewordene Stand-up-Komiker, die ja in den USA oder in England eine sehr lange Tradition haben, setzen Tabuwörter gezielt ein, um eine bestimmte Reaktion zu erzielen oder benutzen sie zu entsprechender Selbstdarstellung. Der wohl berühmteste Stand-up-Komiker der USA war Lenny Bruce, der für den Gebrauch von Tabuwörtern in seinen Aufführungen sogar ins Gefängnis ging.

Tautologie

Im Gegensatz zur unnützen Reihung bedeutungsgleicher Wörter im ▸ Pleonasmus ist die Tautologie (griech. *to auton logos*, derselbe Ausdruck) als Verdopplung zum Zwecke des stärkeren Nachdrucks zu verstehen. So sagt man *immer und ewig, einsam und allein, voll und ganz, nackt und bloß*, um Eindringlichkeit zu erzeugen. ▸Hendiadyoin und ▸Epanelepse.

Topos

Bei der Erfindung der Gedanken für eine Rede, der *inventio*, bildet die dritte Stufe die Begründung. Hier werden Argumente gesammelt, die an sich immer wieder ähnlich sind, da sie sich an den so genannten *Topoi*, den Orten (lat. *loci*) des Gedächtnisses, befinden, wo sie gespeichert sind. In der Phase der *inventio* werden sie aktualisiert. Die Inventio-Lehre oder Topik versteht sich als die Ausbeutung bzw. Erfindung von typischen Argumenten zur Erhärtung einer These. Der Romanist Ernst Robert Curtius (1886–1956) untersuchte diese aus der Antike übernommenen und bis ins 18. Jahrhundert verwendeten festen Formen, Clichés, Denk- oder Ausdrucksschemata, Formeln, Wendungen, Zitate, ▸Embleme, ▸Symbole, die zur jeweiligen Argumentation eingesetzt werden. Quintilian unterscheidet zwischen den Topoi, die von der Person bestimmt werden (*loci a persona,* Nationalität, Geschlecht, Alter, Körperbeschaffenheit, Schicksal, soziale Stellung, Wesen, Beruf, Neigung, Biographie, Namen) und solchen, die von der Sache kommen (*loci a re*). Die Topoi sind in Bezug auf die Argumentation jeweils in zwei Richtungen einsetzbar: dass jemand beispielsweise kein Amerikaner ist, kann sowohl zur Schwächung seiner Position vorgebracht werden – denn wie sollte ein solcher Mensch je Football spielen können? –, als auch zu deren Stärkung – denn ist es nicht erstaunlich, dass ein Nicht-Amerikaner trotzdem so gut (amerikanischen) Football spielen kann? Weitere Topoi nach Quintilian sind Ort, Zeit, Art und Weise, Ursache, Definition, Möglichkeit, Umstände.

Mit Hilfe der Topik klinkt sich der Redner in die Vorstellungswelt der Zuhörer ein und stellt sich mit ihnen in eine »gemeinsame« Welt. Die Topoi formulieren allseits bekanntes Wissen und bieten damit die Möglichkeit, ohne Probleme folgen oder in ein Thema einsteigen zu können. An sich ungenau, dienen sie der

Allgemeinverständlichkeit. Soll die Argumentation ausgebaut werden, kommt es zu Erweiterungen, unter denen die Gemeinplätze, die *loci communes*, eine Sonderstellung einnehmen.

Gemeinplatz ist hier nicht wie im modernen Sprachgebrauch als Trivialität zu verstehen, sondern als Erweiterung, die dem Redner auch Gelegenheit bietet zu glänzen, indem er beispielsweise ein spezielles Schicksal vorführt, um die Überzeugungskraft seiner Argumentation zu erhöhen. Nach Cicero dienen die *loci communes* dazu, jeden Fall so weit wie möglich von den speziellen Umständen zu befreien und allgemein zu behandeln.

Marcus Tulius Cicero, 106–43 v. Chr., Marmorbüste aus den Uffizien in Florenz

Trikolon

Aus drei, meist aus einer Gruppe stammenden, aneinander gefügten Satzteilen bestehendes Satzgefüge: »Zur Demuth ist er gezeugt, zur Sanftheit geneugt, zur Geduld erzielet« (Philipp von Zesen). Besonders gern wird das Trikolon zu Beginn der Rede eingesetzt, um eine gewisse Einstimmung zu erzeugen: *Wir sind zusammen gekommen, um zu feiern, wir sind zusammen gekommen, um zu essen, wir sind zusammen gekommen, um zu trinken.* ▶ Antithese, ▶ Chiasmus, ▶ Hyperbaton, ▶ Parallelismus

Tropen

Als Tropen (griech. *trepein*, wenden, vertauschen) bezeichnet man in der Rhetorik alle Formen bildhafter Ausdrücke mit übertragender Bedeutung. Tropen sind lexikalische Austauschklassen, Ersetzungen eben, die dem Stilprinzip der Variation dienen. »Tropen sind

Differenzbegriffe«, schreibt der Baseler Germanistikprofessor Wolfram Groddeck; sie bestimmen die Art
des Unterschieds zwischen eigentlichem und ersetz-
tem Ausdruck.

Die Funktion der Tropen allerdings liegt nicht nur
in der Ausschmückung, sondern auch in der Verdeutlichung des Inhaltes des Gesagten oder Geschriebenen. Die Stoiker unterschieden insgesamt acht Tropen: ▶ Metapher, ▶ Katachrese, ▶ Metonymie, ▶ Synekdoche, ▶ Emphase, ▶ Hyperbel, ▶ Periphrase. Quintilian
unterschied zwischen dem Schmuck, der in einzelnen
Wörtern vorkommt, den Tropen, und dem, der sich
auf Wortverbindungen bezieht, die (rhetorischen)
Figuren; er definiert sie wie folgt: »Ein Tropus ist die
kunstvolle Vertauschung der eigentlichen Bedeutung
eines Wortes oder Textbestandteils mit einer anderen.«
Keine Trope oder Figur existiert exklusiv, Überschnei-
dungen zwischen ihnen sind nicht nur unvermeidbar,
sondern laut Quintilian sogar produktiv und erstre-
benswert. Der Versuch also, eindeutige Anwendungen
für jede einzelne Form zu gewinnen, muss scheitern.

Understatement

Ähnlich wie ▶ Litotes und ▶ Meiosis kann das Understatement
(engl., Untertreibung) als eine
Form der ▶ Ironie betrachtet oder
zu ihrem Zwecke eingesetzt werden. Stilistisch ist es der bewusste
Verzicht auf verfügbare Stilmittel.
Im Drama bezeichnet das Understatement die Verschleierung
einer starken Empfindung durch
eine völlig andere, karge Redeweise oder nebensächliche Beschäfti-
gungen. Es ersetzt einen gefühls-
starken durch einen unwichtigen
Ausdruck oder benennt schlicht
um: »Du Aas« für »Ich liebe dich«
bei Ernest Hemingway.

Ernest Hemingway, Foto
von Yousuf Karsh, 1957

Wortfiguren

Nicht alle Rhetoriker unterscheiden zwischen Figuren und ▶ Tropen, die anonyme »Rhetorik an Herennius« beispielsweise ordnet die Tropen unter den Figuren ein. Meist jedoch versteht man unter den Tropen die Ersetzung von einzelnen Wörtern, während mit Figuren ganze Sätze und sogar Texte gemeint sind. Quintilian unterscheidet zwischen: Auslassung (▶ Ellipse, ▶ Zeugma), Hinzufügung (▶ Anapher, ▶ Epipher, ▶ Paronomasie, ▶ Polyptoton, ▶ Synonym, ▶ Polysyndeton, ▶ Asyndeton) und Umstellung (▶ Hyperbaton, ▶ Parallelismus, ▶ Antithese, ▶ Chiasmus).

Zeichen

Ein Zeichen ist etwas, das für etwas anders steht. Die Bedeutung mancher Zeichen ergibt sich aus einem kausalen Zusammenhang: Rauch als Zeichen für Feuer, Pilze oder Moose als Zeichen für Feuchtigkeit etc. Aber das ist nicht immer so, viele Zuordnungen sind völlig willkürlich. So sind Zahlen und Formeln ebenfalls Zeichen, beruhen aber auf Vereinbarungen, auf Absprachen und Festlegungen. Man spricht auch von sprachlichen Zeichen, die sich auf Objekte, Zusammenhänge oder Zustände in der Welt, wie sie jeder wahrnimmt, beziehen.

Der Einschub »wie sie jeder wahrnimmt«, ist in diesem Zusammenhang wichtig, denn wie Benjamin Lee Whorf auf der Grundlage der Forschungsergebnisse seines Lehrers Edward Sapir in den 40er und 50er Jahren des letzten Jahrhunderts zeigte, bestimmt die Umwelt und ihre Wahrnehmung den Wortschatz der Menschen – menschliche Erkenntnis kann sich gemäß der so genannten Sapir-Whorf-Hypothese »nur in Relation zu den semantischen und strukturellen Möglichkeiten natürlicher Sprachen vollziehen« (Hadumod Bußmann). So haben Eskimos über dreißig Wörter für Eis, während das Deutsche nur über einige wenige Ausdrücke verfügt. Zu den kompliziertesten Zeichen zählen die ▶ Symbole. ▶ Klangmalerei, ▶ Semiotik und ▶ Symbol

Das Zeugma wird gern in der Werbung verwendet, hier für den Ford Taunus, 1950.

Zeugma

Das Zeugma (griech., Zusammengefügtes, Joch) ist in gewisser Weise eine Spezialform der ▶ Ellipse, da gezielt auf ein Satzteil verzichtet wird: ein nur einmal auftretendes Satzglied bezieht sich auf mehrere koordinierte Sequenzen eines Satzes: »Die Flaschen wurden leerer und die Köpfe voller« (Heinrich Heine). Oft entsteht durch die Verknüpfung mit nur einem Wort, meist dem Verb, ein Ungleichgewicht zwischen Satzbau und Bedeutung. Ein Beispiel aus der Werbung für einen Kleintransporter: *Schafft die Last und nicht die Fahrer.*

Das Zeugma führt oft zu komischen oder ironischen Effekten.

**William Shakespeare: Julius Cäsar. 3. Aufzug, 2.
Auftritt: Die Grabrede des Markus Antonius**

Antonius:

Mitbürger! Freunde! Römer! Hört mich an: Begraben will ich Cäsar, nicht ihn preisen. Was Menschen Übles tun, das überlebt sie; das Gute wird mit ihnen oft begraben. So sei es auch mit Cäsarn! Der edle Brutus hat Euch gesagt, dass er voll Herrschsucht war; und war es das, so war's ein schwer Vergehen, und schwer hat Cäsar auch dafür gebüßt. Hier, mit des Brutus Willen und der andern (denn Brutus ist ein ehrenwerter Mann, das sind sie alle, alle ehrenwert) komm ich, bei Cäsars Leichenzug zu reden. Er war mein Freund, war mir gerecht und treu; doch Brutus sagt, dass er voll Herrschsucht war, und Brutus ist ein ehrenwerter Mann, er brachte viel Gefangene heim nach Rom, wofür das Lösegeld den Schatz gefüllt. Sah das der Herrschsucht wohl am Cäsar gleich? Wenn Arme zu ihm schrien, so weinte Cäsar: Die Herrschsucht sollt aus stärkerm Stoff bestehn. Doch Brutus sagt, dass er voll Herrschsucht war, und Brutus ist ein ehrenwerter Mann. Ihr alle saht, wie am Luperkusfest ich dreimal ihm die Königskrone bot, die dreimal er geweigert. War das Herrschsucht? Doch Brutus sagt, dass er voll Herrschsucht war, und ist gewiss ein ehrenwerter Mann. Ich will, was Brutus sprach, nicht widerlegen; ich spreche hier von dem nur, was ich weiß. Ihr liebtet all' ihn einst nicht ohne Grund: Was für ein Grund wehrt Euch, um ihn zu trauern? O Urteil, du entflohst zum blöden Vieh, der Mensch ward unvernünftig! – Habt Geduld! Mein Herz ist in dem Sarge hier beim Cäsar, und ich muss schweigen, bis es mir zurückkommt.

Noch gestern hätt' umsonst dem Worte Cäsars die Welt sich widersetzt: nun liegt er da, und der Geringste neigt sich nicht vor ihm. O Bürger! Strebt' ich, Herz und Mut in Euch zur Wut und zur Empörung zu entflammen, so tät' ich Cassius und Brutus Unrecht, die Ihr als ehrenwerte Männer kennt. Ich will nicht ihnen

Unrecht tun, will lieber dem Toten Unrecht tun, mir selbst und Euch, als ehrenwerten Männern, wie sie sind. Doch seht dies Pergament mit Cäsars Siegel; ich fand's bei ihm, es ist sein letzter Wille! Vernähme nur das Volk dies Testament (das ich, verzeiht mir, nicht zu lesen denke), sie gingen hin und küssten Cäsars Wunden und tauchten Tücher in sein heil'ges Blut, ja bäten um ein Haar zum Angedenken, und sterbend nennten sie's im Testament und hinterließen's ihres Leibes Erben zum köstlichen Vermächtnis.

Seid ruhig, liebe Freund'! Ich darf's nicht lesen, Ihr müsst nicht wissen, wie Euch Cäsar liebte. Ihr seid nicht Holz, nicht Stein, Ihr seid ja Menschen; drum, wenn Ihr Cäsars Testament erführt, es setzt' in Flammen Euch, es macht' Euch rasend. Ihr dürft nicht wissen, dass Ihr ihn beerbet; denn wüsstet Ihr's, was würde draus entstehen?

Bürger:

Lest das Testament! Wir wollen's hören, Mark Anton. Ihr müsst es lesen Cäsars Testament!

Antonius:

Wollt Ihr Euch wohl gedulden? Wollt Ihr warten? Ich übereilte mich, da ich's Euch sagte, ich fürcht', ich tu' den ehrenwerten Männern zu nah, durch deren Dolche Cäsar fiel; ich fürcht es.

So zwingt Ihr mich, das Testament zu lesen? Schließt einen Kreis um Cäsars Leiche denn! Ich zeig' Euch den, der Euch zum Erben machte. Erlaubt Ihr mir's? Soll ich hinuntersteigen?

Wofern Ihr Tränen habt, bereitet Euch, sie jetzo zu vergießen! Diesen Mantel, Ihr kennt ihn alle; noch erinnere ich mich des ersten Males, dass Cäsar ihn trug in seinem Zelt, an einem Sommerabend – er überwandt den Tag die Nevier – hier – schauet! – fuhr des Cassius Dolch hinein! Seht, welchen Riss der tück'sche Casca machte! Hier stieß der vielgeliebte Brutus durch; und als er den verfluchten Stahl hinwegriss, schaut her, wie ihm das Blut des Cäsars folgte, als stürzt es vor die Tür, um zu erfahren, ob wirklich Brutus so unfreundlich klopfte, denn Brutus, wie Ihr wisst, war

Cäsars Engel. – Ihr Götter, urteilt, wie ihn Cäsar liebte!
Kein Stich von allen schmerzte so wie der: denn als der
edle Cäsar Brutus sah, warf Undank, stärker als Verrä-
terwaffen, ganz nieder ihn; da brach sein großes Herz,
und in den Mantel sein Gesicht verhüllend, grad' am
Gestell der Säule des Pompejus, von der das Blut rann,
fiel der große Cäsar. O meine Bürger, welch ein Fall
war das! Da fielet Ihr und ich; wir alle fielen, und über
uns frohlockte blut'ge Tücke. O ja! Nun weint Ihr, und
ich merk', Ihr fühlt den Drang des Mitleids: dies sind
milde Tropfen, wie? Weint Ihr, gute Herzen, seht Ihr
gleich nur Cäsars Kleid verletzt? Schaut her! Hier ist
er selbst, geschändet von Verrätern.

Ihr guten lieben Freund', ich muß Euch nicht hin-
reißen zu des Aufruhrs wildem Sturm; die diese Tat
getan, sind ehrenwert. Was für Beschwerden sie per-
sönlich führen, warum sie's taten, ach! – das weiß ich
nicht. Doch sie sind weis' und ehrenwert und werden
Euch sicherlich mit Gründen Rede stehn. Nicht Euer
Herz zu stehlen komm' ich, Freunde: ich bin kein
Redner, wie es Brutus ist, nur, wie Ihr alle wisst, ein
schlichter Mann, dem Freund ergeben, und das wuss-
ten die gar wohl, die mir gestattet, hier zu reden. Ich
habe weder Witz noch Wort noch Gaben, noch Kunst
des Vortrags, noch die Macht der Rede, der Menschen
Blut zu reizen; nein, ich spreche nur geradezu und
sag' Euch, was Ihr wisst. Ich zeig' Euch des geliebten
Cäsars Wunden; die armen, stummen Munde, heiße
die statt meiner reden. Aber wär' ich Brutus, und
Brutus Mark Anton, dann gäb' es einen, der Eure Geis-
ter schürt' und jeder Wunde des Cäsar eine Zunge
lieh', die selbst die Steine Roms zum Aufstand würd'
empören.

Lecture on Art. A Study of Oscar Wilde

Oscar Wilde ordnete seine Sprechweise bei Vorträgen einer
Reihe strenger Vorschriften unter. Dazu gehörten vor allem
eine gegenläufige Betonung und unvorhergesehenes Heben
oder Senken der Stimme. Auf diese sehr gekünstelte Weise
wollte er die Aufmerksamkeit der Zuhörer sowohl erlangen
als auch erhalten.

(--) Everything made by the hand of man ▶ is either
.ug °ly ▶ or (/) .beauti °ful; (--) and it might as well be
beautiful as (/) .ug °ly. (--) Nothing that is made ▶ is °too
.poor [pooah], ▶ or °too (/) .trivi °al, ▶ (--) to be made
with an idea [ideah], ▶ of pleasing the aesthetic .eye.
   °Americans, ▶ .as a class, ▶ °are not (/) .practical,
(--) though you may laugh ▶ at the (/) .assertion. (--)
When I enter [entah] a room, ▶ I see a carpet of (\) vul-
gar [vulgah] (/) .pattern, ▶ (--) a cracked plate upon the
(/) .wall, ▶ (--) with a peacock feather stuck °be .bind
°it. (--) I sit down ▶ upon a badly glued ▶ machine-
made (/) .chair [châah], ▶ that creaks ▶ upon being (/)
.touched; ▶ (--) I see ▶ a gaudy gilt horror, ▶ in the
shape ▶ of a (/) .mirror, ▶ (--) and a cast-iron mon-
strosity ▶ for a °chande .lier. (--) Everything I see ▶
was made to (/) .sell. (--) I turn to look for the beauties
of nature [natyah] ▶ in (/) vain; ▶ (--) for I behold only
muddy streets ▶ and (\) ugly (/) .build °ings ; (--) everything looks (\) second (/) class. (--) By second class
▶ I mean ▶ that ▶ which constantly decreases °in
(/) .value. (--) The old Gothic cathedral is flrmer
[flrmah] and (/) stronger [strongah], ▶ and more
[moah] beautiful .now ▶ than it was ▶ years [yeahs]
(/) °ago. (--) There is one thing worse ▶ than °no
(/) .art ▶ and that is ▶ .bad °art.

(Schlüssel zu den verwendeten Zeichen: *Aussprache*
einzelner Buchstaben: â wie in ale; *Zeichen für Tonhöhe:*
° = hoch, . = tief; *Zeichen für einzelne Wörter und Silben:*
▶ = Innehalten bzw. kurze rhetorische Pause, (--) =
gleichbleibende Betonung, (/) Hebung, (\) Senkung.)

Übersetzung des »Vortrags über Kunst« von Oscar Wilde

Alles, was von menschlicher Hand geschaffen wird, ist entweder hässlich oder schön, dabei ist letztlich egal, ob es schön oder hässlich ist. Nichts, was geschaffen wird, ist zu armselig oder zu trivial, um nicht mit der Vorstellung dessen gemacht worden zu sein, dem ästhetischen Blick gefallen zu wollen.

Sie mögen über meine Behauptung lachen, aber als Klasse betrachtet sind Amerikaner unpraktisch. Wenn ich einen Raum betrete, sehe ich einen Teppich mit vulgärem Muster, einen gesprungenen Teller an der Wand mit einer Pfauenfeder dahinter. Ich setze mich auf einen schlecht verleimten, maschinengefertigten Stuhl, der schon bei der leisesten Berührung knarrt. Ich sehe einen schrillen güldnen Greuel in der Form eines Spiegels und die gusseiserne Monstrosität eines Leuchters. Alles, was ich sehe, wurde gemacht, um es zu verkaufen. Vergeblich suche ich nach den Schönheiten der Natur, denn ich gewahre nichts als schlammige Straßen und hässliche Gebäude. Alles sieht zweitklassig aus. Mit zweitklassig meine ich all das, was beständig an Wert verliert. Die alte gotische Kathedrale ist heute solider und stärker und schöner als vor Jahren. Nur eins ist schlimmer als keine Kunst, und das ist schlechte Kunst.

Bertha von Suttner: Vortrag vor dem Nobel-Komitee in Stockholm am 18. April 1906 anlässlich der Verleihung des Friedensnobelpreises

Die ewigen Wahrheiten und ewigen Rechte haben stets am Himmel der menschlichen Erkenntnis aufgeleuchtet, aber nur gar langsam wurden sie von da herabgeholt, in Formen gegossen, mit Leben gefüllt, in Taten umgesetzt.

Eine jener Wahrheiten ist die, dass Frieden die Grundlage und das Endziel des Glückes ist, und eines dieser Rechte ist das Recht auf das eigene Leben. Der stärkste aller Triebe, der Selbsterhaltungstrieb, ist gleichsam eine Legitimation dieses Rechtes, und seine Anerkennung ist durch ein uraltes Gebot geheiligt, welches heißt: »Du sollst nicht töten«.

Doch wie wenig im gegenwärtigen Stande der menschlichen Kultur jenes Recht respektiert und jenes Gebot befolgt wird, das brauche ich nicht zu sagen. Auf Verleugnung der Friedensmöglichkeit, auf Geringschätzung des Lebens, auf den Zwang zum Töten ist bisher die ganze militärisch organisierte Gesellschaftsordnung aufgebaut.

Und weil es so ist und weil es so war, solange unsere – ach so kurze, was sind ein paar tausend Jahre? – sogenannte Weltgeschichte zurückreicht, so glauben manche, glauben die meisten, dass es immer so bleiben müsse. Dass die Welt sich dauernd wandelt und entwickelt, ist eine noch gering verbreitete Erkenntnis, denn auch die Entdeckung des Evolutionsgesetzes, unter dessen Herrschaft alles Leben – das geologische wie das soziale – steht, gehört einer jungen Periode der Wissenschaftsentwicklung an.

[...] Der Glaube an den ewigen Bestand des Vergangenen und Gegenwärtigen ist ein irrtümlicher Glaube. Das Gewesene und Seiende flieht am Zeitstrome zurück wie die Landschaft des Ufers; und das auf dem Strom getragene mit der Menschheit befrachtete Schiff treibt unablässig den neuen Gestaden dessen zu, was wird.

Das Ende der Wahlkampfrede Adolf Hitlers vom 10. Februar 1933 im Berliner Sportpalast

Denn ich kann mich nicht lösen von dem Glauben an mein Volk, kann mich nicht lossagen von der Überzeugung, dass diese Nation wieder einst auferstehen wird, kann mich nicht entfernen von der Liebe zu diesem meinem Volk und hege felsenfest die Überzeugung, dass eben doch einmal die Stunde kommt, in der die

Millionen, die uns heute hassen, hinter uns stehen und mit uns dann begrüßen werden das gemeinsam geschaffene, mühsam erkämpfte, bitter erworbene neue deutsche Reich der Größe und der Ehre der Kraft und der Herrlichkeit und der Gerechtigkeit. Amen.

Josef Stalin zum 24. Jahrestag der Oktoberrevolution, Moskau, 6. November 1941

Genossen!

[...] Die Misserfolge der Roten Armee haben das Bündnis der Arbeiter und Bauern wie auch die Freundschaft der Völker der Sowjetunion nicht nur nicht geschwächt, sondern im Gegenteil, sie haben dieses Bündnis sowie diese Freundschaft noch gefestigt. Mehr noch – sie haben die Völkerfamilie der Sowjetunion in ein einheitliches unerschütterliches Lager verwandelt, das seine Rote Armee und seine Rote Flotte aufopferungsvoll unterstützt. Niemals noch war das Sowjethinterland so fest wie jetzt. Es ist durchaus wahrscheinlich, dass jeder beliebige andere Staat, der solche Gebietsverluste erlitten hätte wie wir, die Prüfung nicht bestanden hätte und niedergebrochen wäre. Wenn die Sowjetunion die Prüfung so leicht bestanden und ihr Hinterland noch gefestigt hat, so bedeutet das, dass die Sowjetordnung heute die stabilste aller Ordnungen ist.

[...] Und diese Leute, die weder Gewissen noch Ehre besitzen, Leute mit einer Moral von Bestien, haben die Stirn, zur Vernichtung der großen russischen Nation aufzurufen, der Nation Plechanows und Lenins, Belinkis und Tschernyschewskis, Puschkins und Tolstois, Glinkas und Tschaikowskis, Gorkis und Tschechows, Setschenows und Pawlows, Repins und Surikows, Suwurows und Kutusows!

Die deutschen Landräuber wollen den Vernichtungskrieg gegen die Völker der Sowjetunion. Nun wohl, wenn die Deutschen einen Vernichtungskrieg wollen, so werden sie ihn bekommen.

Von nun an wird es unsere Aufgabe, die Aufgabe der Völker der Sowjetunion, die Aufgabe der Kämpfer, der Kommandeure und der politischen Funktionäre unserer Armee und unserer Flotte sein, alle Deutschen, die in das Gebiet unserer Heimat als Okkupanten eingedrungen sind, bis auf den letzten Mann zu vernichten.

Keine Gnade den deutschen Okkupanten!

Tod den deutschen Okkupanten!

[...] Dazu aber ist notwendig, dass unsere Armee und unsere Flotte von unserem ganzen Lande wirksam und aktiv unterstützt werden, dass unsere Arbeiter und Angestellten, Männer und Frauen in den Betrieben arbeiten, ohne die Hände in den Schoß zu legen, und der Front immer mehr und mehr Panzer, Panzerbüchsen und Panzerabwehrgeschütze, Flugzeuge, Granatwerfer, Maschinengewehre, Gewehre und Munition liefern, dass unsere Kollektivbauern, Männer und Frauen, auf ihren Feldern arbeiten, ohne die Hände in den Schoß zu legen, und der Front und dem Lande immer mehr und mehr Getreide, Fleisch und Industriestoffe liefern, dass unser ganzes Land und alle Völker der Sowjetunion sich zu einem einzigen Kampflager zusammenschließen, das gemeinsam mit unserer Armee und unserer Flotte den Großen Befreiungskrieg für die Ehre und die Freiheit unserer Heimat, für die Zerschmetterung der deutschen Armee führt.

Darin besteht jetzt unsere Aufgabe.

Wir können und wir müssen diese Aufgabe bewältigen.

Nur wenn wir diese Aufgabe bewältigt und die deutschen Eindringlinge zerschlagen haben, können wir einen dauerhaften und gerechten Frieden erzielen.

Für die völlige Zerschmetterung der deutschen Eindringlinge!

Für die Befreiung aller unter dem Joch der Hitlertyrannei stöhnenden unterdrückten Völker! Es lebe die unverbrüchliche Freundschaft der Völker der Sowjetunion!

Es lebe unsere Rote Armee und unsere Flotte!

Es lebe unser ruhmreiches Vaterland!

Unsere Sache ist gerecht – der Sieg wird unser sein!

Joseph Goebbels am 18. Februar 1943 im Berliner Sportpalast

[...] Ihr also, meine Zuhörer, repräsentiert in diesem Augenblick die Nation. Und an euch möchte ich zehn Fragen richten, die ihr mir mit dem deutschen Volke vor der ganzen Welt, insbesondere aber vor unseren Feinden, die uns auch an ihrem Rundfunk zuhören, beantworten sollt:

Die Engländer behaupten, das deutsche Volk habe den Glauben an den Sieg verloren. Ich frage euch: Glaubt ihr mit dem Führer und mit uns an den endgültigen Sieg des deutschen Volkes? Ich frage euch: Seid ihr entschlossen, mit dem Führer in der Erkämpfung des Sieges durch dick und dünn und unter Aufnahme auch schwerster persönlicher Belastungen zu folgen?

Zweitens: Die Engländer behaupten, das deutsche Volk ist des Kampfes müde. Ich frage euch: Seid ihr bereit, mit dem Führer als Phalanx der Heimat hinter der kämpfenden Wehrmacht stehend, diesen Kampf mit wilder Entschlossenheit und unbeirrt durch alle Schicksalsfügungen fortzusetzen, bis der Sieg in unseren Händen ist?

Drittens: Die Engländer behaupten, das deutsche Volk hat keine Lust mehr, sich der überhandnehmenden Kriegsarbeit, die die Regierung von ihm fordert, zu unterziehen. Ich frage euch: Seid ihr und ist das deutsche Volk entschlossen, wenn der Führer es befiehlt, zehn, zwölf und, wenn nötig, vierzehn und sechzehn Stunden täglich zu arbeiten und das Letzte herzugeben für den Sieg?

Viertens: Die Engländer behaupten, das deutsche Volk wehrt sich gegen die totalen Kriegsmaßnahmen der Regierung. Es will nicht den totalen Krieg, sondern die Kapitulation. Ich frage euch: Wollt ihr den totalen Krieg? Wollt ihr ihn, wenn nötig, totaler und radikaler, als wir ihn uns heute überhaupt noch vorstellen können?

[...] Ich habe euch gefragt; ihr habt mir eure Antworten gegeben. Ihr seid ein Stück Volk, durch euren

Mund hat sich damit die Stellungnahme des deutschen Volkes manifestiert. Ihr habt unseren Feinden das zugerufen, was sie wissen müssen, damit sie sich keinen Illusionen und falschen Vorstellungen hingeben. Der Führer hat befohlen, wir werden ihm folgen.

Karl Valentin: Unpolitische Käs-Rede

Hochgeehrte Versammlung!
Es freut mich ungemein, dass Sie, wie Sie, wenn Sie hätten, widrigenfalls ohne direkt, oder besser gesagt, inwiefern, nachdem naturgemäß es ganz gleichwertig erscheint, ob so oder so, im Falle es könnte oder es ist, wie erklärlicher Weise in Anbetracht oder vielmehr, warum es so gekommen sein kann oder muss, so ist kurz gesagt kein Beweis vorhanden, dass es selbstverständlich erscheint, ohne jedoch darauf zurückzukommen, in welcher zur Zeit ein oder mehrere in unabsehbarer Weise sich selbst ab und zu zur Erleichterung beitragen werden, ohne dem es wie ja unmöglich erscheint in bis jetzt noch nie, in dieser Art wiederzugebender Weise, ein einigermaßen in sich selbst, angrenzend der Verhältnisse, die Sie, wie sie, ob sie gegen oder für Sie nutzbringend in sich selbst von vorne als gänzlich ausgeschlossen erachtet werden wird und dass ohnehin einer ferngehaltenen Verschlimmerung ein, oder ein in irgendeinen einigermaßen einzig verschwiegen ist. [...]

Gerade die machtlose Erscheinungsmöglichkeit, ob und wie, jetzt oder später, ist die Grundessenz der lageveränderten Zeitpunkte, welche keinerlei maßgebende eventuelle Aktualitäten in sich birgt und der zeitweiligen Vernichtung von Privatexistenzen zugrunde liegt, obwohl Europa nie Anteil daran genommen hat.

Ich schließe die Versammlung und heiße Sie zum Schlusse herzlich willkommen und begrüße Sie hochachtungsvoll im Namen sämtlicher Zuhörer – habe die Ehre!

Konrad Adenauer: Radioansprache zu Weihnachten 1952

Es war still und dunkel im Stalle zu Bethlehem, als die Jungfrau gebar und das Kind in die Windeln wickelte und in eine Krippe legte. Die Hirten waren auf den Feldern bei ihren Herden, und die Heiligen Drei Könige waren noch in weiter Ferne, da brach der Glanz der himmlischen Heerscharen und ihre Stimme in das nächtliche Dunkel und in die nächtliche Stille. Sie vertrieben das Dunkel mit ihrem himmlischen Licht und die Stille mit ihrem himmlischen Chor: »Ehre sei Gott in der Höhe und Frieden den Menschen auf Erden, die guten Willens sind«. Ehre sei Gott in der Höhe und Friede den Menschen auf Erden: gehört das denn zusammen?

[...] Es ist wohl so, der Frieden ist das höchste Gut, das Gott den Menschen geben konnte durch die Menschwerdung seines Sohnes. Frieden, ach wie wenig haben wir Menschen erkannt, welch ein kostbares Gut der Frieden ist. Wie wenig haben wir begriffen, dass Frieden die Grundlage allen Glückes, dass Frieden und Ehre Gottes eng verbunden sind.

Aber was ist denn Frieden, und wie wird er uns zuteil? Liebt der den Frieden, der passiv alles hinnimmt, der sich rein passiv verhält gegenüber jeder Unterminierung, der sich lähmen lässt durch Furcht, durch Verlust der Freiheit, Vernichtung der Familie, Vernichtung religiösen Lebens? Liebt das Volk den Frieden, das sich durch ein anderes unterwerfen lässt? Ist Frieden nichts anderes als der Gegensatz von Krieg? Wäre dem so, dann würde Sklaverei und Kirchhofsruhe auch Frieden sein, aber dagegen bäumt sich das Beste in unserem Innern auf. Unser innerstes Gefühl sagt uns, Frieden ohne Freiheit ist kein Frieden. Einen solchen Kirchhofsfrieden, einen solchen Frieden der Sklaverei können die himmlischen Heerscharen nicht gemeint haben, als sie in der Heiligen Nacht den Hirten auf dem Felde die Geburt des Heilands verkündeten.

[...] Frieden ist Freiheit, Freiheit des Einzelnen von Furcht und Zwang, Freiheit der Völker und der ganzen Menschheit von Ausbeutung, von Sklaverei, von Gewalt und Tod. Frieden und Freiheit, das sind die Grundlagen jeder menschenwürdigen Existenz. Frieden in unserem Innern, Frieden in der Familie, Frieden mit dem Nächsten ist die Grundlage des Glücks für jeden Menschen. Frieden und Freiheit sind die Fundamente wahren Fortschritts, ohne Frieden und Freiheit gibt es keinen Aufstieg der Völker, kein Glück, keine Ruhe für die Menschheit. Frieden für den einzelnen Menschen ist nicht möglich, ohne dass Frieden auch der Gemeinschaft zuteil wird, in die der Einzelne eingebettet ist, deren Glied er ist, deren Geschick untrennbar und unzerreißbar mit seinem Geschick und seinem Leben verbunden ist. Frieden für den Einzelnen ist nicht möglich ohne Frieden für sein Volk. Hat uns die Geschichte der letzten Jahrzehnte nicht gezeigt, welch kostbares Gut der Frieden ist? Sind wir nicht furchtbar gestraft worden von Gott für den Bruch des Friedens, den wir begangen haben? Haben wir nicht fast alles dadurch verloren, was wir besaßen: Hab und Gut, Haus und Hof, Familie und Freiheit, Achtung und Ansehen? Haben wir nicht erfahren, dass alle Glieder eines Volkes untrennbar miteinander verbunden sind? Haben wir nicht erkannt, dass niemand sein Geschick von dem Geschick seines Volkes, seinen Frieden, seine Freiheit, sein Glück von dem Frieden und der Freiheit seines Volkes trennen kann und darf?

[...] In unseren Tagen ist Frieden und Freiheit bedroht, zutiefst gefährdet. Es ist so bedroht, wie in jenen barbarischen Zeiten, die wir längst überwunden glaubten, da nur die Macht galt. Die Zeiten, in denen Stämme und Völker die Schwächeren mit Raub und Plünderung, mit Folter und Tod unterjochten. Jene barbarischen, jene grausamen Zeiten sind von neuem, von Osten her über Europa und uns hereingebrochen. Fragt die Polen und Ungarn, die Tschechoslowaken und alle Ostvölker, fragt die Deutschen in Mittel- und Ostdeutschland, ob dem nicht so ist.

John F. Kennedy: Berliner Rede, 1963

Meine Berliner und Berlinerinnen!
Ich bin stolz, heute in Ihre Stadt zu kommen als Gast
Ihres hervorragenden Regierenden Bürgermeisters,
der in allen Teilen der Welt als Symbol für den Kampf
und den Widerstandsgeist West-Berlins gilt. Ich bin
stolz, auf dieser Reise die Bundesrepublik Deutschland
zusammen mit Ihrem hervorragenden Bundeskanzler
besucht zu haben, der während so langer Jahre die
Politik bestimmt hat nach den Richtlinien der Demokratie, der Freiheit und des Fortschritts. Ich bin stolz
darauf, heute in Ihre Stadt in der Gesellschaft eines
amerikanischen Mitbürgers gekommen zu sein. General Clay, der hier tätig war in der Zeit der schwersten
Krise, durch die diese Stadt gegangen ist, und der wieder nach Berlin kommen wird, wenn es notwendig
werden sollte.

Vor zweitausend Jahren war der stolzeste Satz, den
ein Mensch sagen konnte, der: Ich bin ein Bürger
Roms! Heute ist der stolzeste Satz, den jemand in der
freien Welt sagen kann: 'Ich bin ein Berliner!' Wenn es
in der Welt Menschen geben sollte, die nicht verstehen
oder die nicht zu verstehen vorgeben, worum es heute
in der Auseinandersetzung zwischen der freien Welt
und dem Kommunismus geht, dann können wir ihnen
nur sagen, sie sollen nach Berlin kommen. Es gibt
Leute, die sagen, dem Kommunismus gehöre die Zukunft. Sie sollen nach Berlin kommen! Und es gibt
wieder andere in Europa und in anderen Teilen der
Welt, die behaupten, man könnte mit den Kommunis-
ten zusammenarbeiten. Auch sie sollen nach Berlin
kommen! Und es gibt auch einige wenige, die sagen,
es treffe zu, dass der Kommunismus ein böses und ein
schlechtes System sei; aber er gestatte es ihnen, wirtschaftlichen Fortschritt zu erreichen. Aber lasst auch
sie nach Berlin kommen! [...]

Die Freiheit ist unteilbar, und wenn auch nur einer
versklavt ist, dann sind nicht alle frei. Aber wenn der
Tag gekommen sein wird, an dem alle die Freiheit

haben und Ihre Stadt und Ihr Land wieder vereint sind, wenn Europa geeint ist und Bestandteil eines friedvollen und zu höchsten Hoffnungen berechtigten Erdteils, dann können Sie mit Befriedigung von sich sagen, dass die Berliner und diese Stadt Berlin zwanzig Jahre lang die Front gehalten haben.

Alle freien Menschen, wo immer sie leben mögen, sind Bürger dieser Stadt West-Berlin, und deshalb bin ich als freien Mann stolz darauf, sagen zu können: Ich bin ein

Franz Josef Strauß: Anti-Rhetorik (1989)

Die Sprache der Politik, der Politiker als Redner. Zu diesem Thema habe ich in Hunderten von Parlamentsreden, in Tausenden von Vorträgen und Festansprachen, vor allem aber in Versammlungen und Wahlkampfreden einen überdurchschnittlichen praktischen Beitrag geleistet. Ein Politiker, der ein guter Redner sein will, wird immer einiges sagen, was die Leute nicht verstehen – er kann es, er darf es, ja, er muss es sogar. Erfolgreichen Rednern haftet grundsätzlich etwas Mystisches und Geheimnisvolles an.

So kommt es auch, dass es mir nicht übelgenommen wird, wenn ich bei Massenveranstaltungen und anderen volkstümlichen Anlässen ausführlich griechische oder lateinische Zitate in meine Rede einflechte – nicht mühsam vorbereitet, sondern spontan. Nicht der ist der beste Redner, der bis zum letzten Satz von allen Zuhörern verstanden wird – und was für den redenden Politiker gilt, passt auf den Politiker schlechthin.

Ich bin der geborene Anti-Rhetor. Erstens rede ich nie kurz, zweitens bilde ich lange Sätze, drittens verwende ich viele Fremdwörter und fremdsprachige Zitate. Aber alle drei Dinge zusammengenommen führen offensichtlich zu einer rhetorischen Wirkung, über die ich mich, was Größe und Ausdauer meines Publikums angeht, nie zu beklagen habe. Nach Meinung meiner Kritiker rede ich deutsch, als ob ich ver-

suchte, das Latein Ciceros auf Deutsch zu bieten, näm-
lich lange, verschlungene Satzkonstruktionen, die am
Schluss dann doch wider alle Erwartungen aufgehen.
Aufmerksamen Zuhörern stellt sich die Frage, ob ich
das Satzende erreiche oder nicht – was für zusätzliche
Spannung sorgt.

Die Länge meiner Rede ist gelegentlich durchaus auf
meine Freude am Formulieren, auf meine Lust an der
Darstellung zurückzuführen. Allerdings gebietet es
meiner Meinung nach schon die Höflichkeit gegenüber den Bürgern, sie nicht, wenn sie zu Tausenden
und von weither kommen, in wenigen Minuten mit
ein paar Schlagworten abzuspeisen. Ich halte es für
eine Zumutung, wenn der Bürger, der kommt, um
vom Politiker Auskunft zu erhalten, mit nichtssagen-
den Floskeln bedient wird. Zwanzig Reden am Tag
von jeweils fünf Minuten Dauer – als Politiker wie als
Redner halte ich das für einen falschen Weg.

Rolf Hochhuth: Jacob Grimm oder Angst um unsere Sprache

*Ende der Dankrede bei Entgegennahme des ersten Jacob-
Grimm-Preises in Kassel am 3. November 2001*

Doch wozu – resignierte Schlussfrage – nach sechzehn
(!) Jahren ein Regierungswechsel? Es blieb ja doch bei
der Einschränkung, ja Streichung von Goethehäusern.
Es blieb, ob Waigels, ob Eichels Finanzministerium, wie
mir am Sonntag der Präsident der Goethehäuser, Hilmar Hoffmann, geklagt hat, Usus unter Kanzler Schrö-
der, ebenso wie einst unter Kohl, 41 % sogar auslän-
discher Spenden zur Verbreitung deutscher Sprache
den Goethehäusern zu rauben! Hoffmann berichtet
geschockt, dass Außenminister Joschka Fischer, den er
seinen »Zuwendungsgeber« nennen muss – offenbar beruht Geld für die deutsche Sprache auf Gnadenakten –,
ihm auferlegt hat, bis 2003 elf Prozent seines Etats ein-
zusparen, nämlich 26,4 Millionen DM, was binnen eines

Jahres zur Schließung von fünf Häusern geführt hat [...]

Und Hilmar Hoffmann erzählt, der hundertjährige Gadamer, Ehrenbürger Neapels, sei der einzige Autor, der gegen die Schließung des Goethehauses in Palermo angeschrieben habe, wo jährlich vierhundert Italiener Deutsch lernen. Die Abschaffung der Deutschkurse »glückte« zwar in Triest, doch nicht in Palermo, weil dessen Bürgermeister in Heidelberg studiert hat und nach der Androhung, das Goethehaus werde zugemacht, ihm die Miete erließ und fünf Sechstel der Kosten übernahm. Hoffmann: »Neulich hat Reemtsma uns seine Wieland-Gesamtausgabe spendiert, doch wir haben kein Geld fürs Porto, die Kassette an die Goethehäuser zu versenden.«

Internationes wie Goethehäuser müssen zwei Prozent ihrer Festangestellten jährlich »aussanieren«, wie das mit schäbigem Zynismus neudeutsch genannt wird, und dürfen keine durch Krankheit oder Pensionierung Ausgefallenen ersetzen. In dem Maß, in dem sein Globalisierungswahn wächst, kürzte früher Bonn, kürzt heute Berlin die Mittel, im Ausland Deutsch zu lehren – doch macht sich unsere Regierung, scholastisches Glasperlenspiel, sinnlose Gedanken, ob Maßstab mit drei s geschrieben werden solle: Die Reform unserer Sprache ist ihr wichtig, an ihrer Erhaltung ist ihr nichts gelegen.

Literaturverzeichnis

Literaturverzeichnis

Aristoteles: Rhetorik. Übers. und hrsg. von Gernot Krapinger. Stuttgart 1999
ders.: Rhetorik. Übers. und hrsg. von Franz G. Sieveke. München 1980.
ders.: Topik. Übers. v. Eugen Rolfes. Hamburg 1968
ders.: Über die Seele. Übers. und hrsg. von Willy Theiler. Darmstadt 1959
Arnauld, Antoine: Die Logik oder die Kunst des Denkens. Darmstadt 1972
Augustinus, Aurelius: Vier Bücher über die christliche Lehre. De doctrina christiana. In: Augustinus. Ausgewählte praktische Schriften homiletischen und katechetischen Inhalts. Übers. und hrsg. von P. Sigisbert Mitterer. München 1925

Barthes, Roland: Die alte Rhetorik. In: Roland Barthes: Das semiologische Abenteuer. Frankfurt/M. 1988, S. 15–101
Bateson, Gregory et. al.: Schizophrenie und Familie: Frankfurt 1969
Bloch, Ernst: Antike Philosophie. Leipziger Vorlesungen zur Geschichte der Philosophie. Bd. I. Frankfurt/M. 1985
Bodenheimer; Aaron: Warum? Von der Obszönität des Fragens. Stuttgart 1984
Brandstätter, Christian und Helfried Gschwandtner (Hrsg.): Augustinus. Wien 2000
Bußmann, Hadumod: Lexikon der Sprachwissenschaft. Stuttgart 1983

Castiglione, Baldesar: Das Buch vom Hofmann. Bremen 1960
Cicero, Marcus Tullius: Brutus. Übers. von Julius Sommerbrodt. München
ders.: De Oratore / Über den Redner. Übers. u. hrsg. v. H. Merklin. Stuttgart 1976

ders.: Orator. Lat. und dt. Ausgabe. Hrsg. B. Kytzler, München und Zürich 1986
ders.: Rhetorik oder Von der rhetorischen Erfindungskunst. Übers. von Wilhelm Binder. Stuttgart o.J.
Claus, Uta und Rolf Kutschera: Rotkäppchen http://members.vienna.at/decker/Texte/maerchen/Rotkaepjugend.html
Curtius, Ernst Robert: Europäische Literatur und lateinisches Mittelalter. Bern 1948

Derrida, Jaques: Der Entzug der Metapher, In: Volker Bohn (Hrsg.): Romantik, Literatur und Philosophie. Internationale Beiträge zur Poetik. Frankfurt 1987

Ebeling, Peter: Rhetorik. Wiesbaden 1989
Eco, Umberto: Einführung in die Semiotik. München 1985
Ellmann, Richard: Oscar Wilde. München und Zürich 1987
eltern.de: http://www.eltern.de/forfamily/familie_freizeit/familienleben/jugendsprache/html
Erasmus von Rotterdam: Das Lob der Torheit. Ecomium moriae. Übersetzt und hrsg. von Anton Gail. Stuttgart 1977
Erckenbrecht, Ulrich: Sprachdenken. Kronberg/Ts. 1974

Fabricius, Johann Andreas: Philosophische Oratorie. Das ist: Vernünftige Anleitung zur gelehrten und galanten Beredsamkeit. Kronberg/Ts. 1974
Falkenberg, Gabriel: Lügen: Grundzüge einer Theorie sprachlicher Täuschung. Tübingen 1982
Freud, Sigmund: Der Witz und seine Beziehung zum Unbewussten. Frankfurt a.M 1971[10]
Fuhrmann, Manfred: Das systematische Lehrbuch.

Ein Beitrag zur Geschichte der Wissenschaften in der Antike. Göttingen 1960
ders.: Die antike Rhetorik. München 1984
ders.: Die Dichtungstheorie der Antike. Aristoteles – Horaz – Longin. 2. überarbeitete und veränderte Auflage. Darmstadt 1999

Gadamer, Hans-Georg: Rhetorik, Hermeneutik und Ideologiekritik. In: ders.: Hermeneutik und Ideologiekritik. Frankfurt 1971
Garin, Eugenio: Geschichte und Dokumente der abendländischen Pädagogik. Reinbek 1964
Genzmer, Herbert: Sprache in Bewegung. Eine deutsche Grammatik. Frankfurt/M. 1998
ders.: verlogen, mendacious, mentiroso. On Contrastive Discourse Structures in German, English, and Spanish. Stuttgart 1988
Gomperz, Heinrich: Sophistik und Rhetorik. Das Bildungsideal in seinem Verhältnis zur Philosophie des V. Jhs. Leipzig 1964
Göttert, Karl Heinz: Einführung in die Rhetorik. München 1991
Gottsched, Johann Christoph: Ausführliche Redekunst, erster allgemeiner Teil. In: Ausgewählte Werke. Hrsg. von Brigitte und Joachim Birke. Bd. 7. Berlin 1975
Groddeck, Wolfgang: Reden über Rhetorik. Zu einer Stilistik des Lesens. Frankfurt/M. 1995

Habermas, Jürgen: Wahrheitstheorien. In: Helmut Fahrenbach (Hrsg.): Wirklichkeit und Reflexion. Pfullingen 1973
ders.: Theorie des kommunikativen Handelns. Frankfurt/M: 1981
Hegel, G. W. F.: Vorlesungen über die Geschichte der Philosophie I. In: Werke in

20 Bänden, Bd. 18. Frankfurt/M. 1971

Heidegger, Martin: Sein und Zeit. Tübingen 1979

Heigl, Peter: 30 Minuten für gute Rhetorik. Offenbach 2001

Heuss, Alfred: Hellas. In: Propyläen Weltgeschichte, Bd. III, 1, Griechenland. Die hellenistische Welt. Frankfurt/M. 1962

Ingler, Yvonne: Jugendsprache. In: ESEL – Essener Studienenzyklopädie Linguistik. http://www.linse. uni-essen.de/esel/jugend/jugend.htm

Isokrates: Werke. Übers. u. hrsg. von Adolph Heinrich Christian. Stuttgart 1835

Jens, Walter: Rhetorik. In: Paul Merker und Wolfgang Stammler (Hrsg.): Reallexikon der deutschen Literaturgeschichte, Bd. III. Berlin u.a. 1972, S. 432–456

Knape, Joachim: Allgemeine Rhetorik. Stuttgart 2000
ders.: Was ist Rhetorik? Stuttgart 2000
Köhler, Wolfgang: Gestalt Psychology. New York 1947

Lamb, Sidney M.: Semiotics of Culture and Language: A Relational Approach. In: Fawcett, R. P., H. A. K Halliday, S. M. Lamb, A. Makkai (Hrsg.): The Semiotics of Culture and Language. London 1984
Lamy, Bernard: De l'art de parler. Die Kunst zu reden. München 1980
Lausberg, Heinrich: Handbuch der literarischen Rhetorik. 2 Bde. München 1960
ders.: Elemente d. literarischen Rhetorik. Ismaning 1990[10]
Levinson, Stephen: Pragmatics. Cambridge (MA) 1983
Loebbert, Michael F.: Arbeitstexte für den Unterricht: Rhetorik. Stuttgart 1991
Lucas, Manfred: Überzeugend reden – Mehr Erfolg

durch bessere Rhetorik. München 1999
Luther, Martin: Tischreden. In: Werke. Kritische Gesamtausgabe. Bd. 1–6, Weimar 1912

Mainberger, Gonsalv K.: Rhetorica I: Reden mit Vernunft. Aristoteles. Cicero. Augustinus. Stuttgart 1987
Man, Paul de: Allegorien des Lesens. Frankfurt 1988
Meyfart, Johann Mattäus: Teutsche Rhetorica und Redekunst. Hrsg. von Erich Trunz, Tübingen 1977
Montaigne, Michel de: Essais. Übersetzt und hrsg. von Herbert Lüthy. Zürich 1984

Nietzsche, Friedrich: Rhetorik. In: Gesammelte Werke, Bd. 5. München 1922

Perelman, Chaïm: Das Reich d. Rhetorik. Rhetorik u. Argumentation. München 1980
Platon: Gorgias oder Über die Beredsamkeit. Stuttgart 1961
ders.: Phaidros. Übers. und eingeleitet von Kurt Hildebrandt. Stuttgart 1979
Protagoras: Fragment 3, In: W. Capelle (Hrsg.): Die Vorsokratiker. Stuttgart 1968

Quintilianus, Marcus Fabius: Ausbildung des Redners. Übersetzt und hrsg. von Helmut Rahn. 2 Bde. Darmstadt 1972, 1975

Rehbock, Helmut: Rhetorik. In: Althaus, Hans-Peter, H. Henne u. H. Grust Wiegand (Hrsg.): Lexikon der Germanistischen Linguistik. Tübingen 1980[2]
Rhetorica ad Herennium: Lat. und dt. von Friedhelm L. Müller. Aachen 1994
Richards, Ivor Armstrong: Die Metapher (1936). In: Anselm Haverkamp (Hrsg.): Theorie der Metapher. Darmstadt 1983

Rohr, Julius Bernhard von: Einleitung zur Ceremoniel-Wissenschaft Der Privat-Personen, Berlin 1730

Sapir, Edward: A Study in Phonetic Symbolism. In: Journal of Experimental Psychology 12, 1929, S. 225–239

Schneider, Wolf: Deutsch für Profis. München 1993[12]

Seneca: Ad Lucilium epistulae morales. An Lucilius. Briefe über Ethik. Übers. von M. Rosenbach. Darmstadt 1980
Strauss, Franz Josef: Anti-Rhetorik. In: Der Spiegel, Nr. 38, 18.9.1989

Traufetter; Gerald: Stimmen aus der Steinzeit. In: Der Spiegel, Nr. 43, 21.10.02,
Trömel-Plötz, Senta: Frauensprache – Sprache der Veränderung. Frankfurt 1982

Ueding, Gert: Klassische Rhetorik. München 2000[3]
ders.: Moderne Rhetorik. München 2000

Watzlawick, Paul u.a.: Pragmatics of Human Communication. A study of interactional patterns, pathologies, and paradoxes. New York 1967
ders.: Anleitung zum Unglücklichsein. München 1988
Wieland, Christoph Martin: Geschichte der Abderiden. In: Werke, hrsg von F. Martini und H. W. Seiffert, Bd. 2. München 1966
Wilpert, Gero von: Sachwörterbuch der Literatur. Stuttgart 1964
Wörner, Markus H.: „Pathos" als Überzeugungsmittel in der Rhetorik des Aristoteles. In: Ingrid Craemer-Ruegenberg (Hrsg.): Pathos, Affekt, Gefühl. Freiburg, München 1981, S. 53–78

Namenregister

Namenregister

Sachregister

Bildnachweis

Bildnachweis